人类学写作工具箱

〔美〕克里斯汀·戈德西 著

卞思梅 译

Kristen Ghodsee

From Notes to Narrative

Writing Ethnographies That Everyone Can Read

雅理

生活·讀書·新知 三联书店

Simplified Chinese Copyright © 2024 by SDX Joint Publishing Company.
All Rights Reserved.
本作品中文简体版权由生活·读书·新知三联书店所有。
未经许可,不得翻印。

图书在版编目(CIP)数据

人类学写作工具箱 / (美) 克里斯汀·戈德西著; 卞思梅译. —北京: 生活·读书·新知三联书店, 2024.2 (2025.1 重印)
(雅理译丛)
ISBN 978-7-108-07743-1

Ⅰ.①人… Ⅱ.①克… ②卞… Ⅲ.①写作学 Ⅳ.① H05

中国国家版本馆 CIP 数据核字 (2023) 第 226695 号

From Notes to Narrative: Writing Ethnographies That Everyone Can Read
Licensed by The University of Chicago Press, Chicago, Illinois, U.S.A.
© 2016 by Kristen Ghodsee. All rights reserved.

特邀编辑	苏诗毅
责任编辑	王晨晨
责任校对	曹秋月
责任印制	董 欢
出版发行	生活·讀書·新知 三联书店
	(北京市东城区美术馆东街 22 号 100010)
网　址	www.sdxjpc.com
经　销	新华书店
印　刷	北京隆昌伟业印刷有限公司
版　次	2024 年 2 月北京第 1 版
	2025 年 1 月北京第 2 次印刷
开　本	787 毫米 × 1092 毫米 1/32 印张 8.5
字　数	113 千字
印　数	6,001 - 9,000 册
定　价	49.00 元

(印装查询:01064002715; 邮购查询:01084010542)

给安妮、波普和莎拉

是他们教会我

成为一个更好的作家,任何时候都不晚

目 录

导　论	为什么要清晰写作？	1
第一章	选择一个你喜欢的主题	14
第二章	将自己融入材料	39
第三章	加入民族志细节	52
第四章	描述地点和事件	68
第五章	整合你的理论	85
第六章	加入对话	103
第七章	插入图像	120
第八章	减少科学主义	137
第九章	简化你的文章	153
第十章	掌握良好的语法和句法	169
第十一章	修改！	192
第十二章	找到自己的过程	204

结 论	219
致 谢	223
注 释	227
建议阅读书目和参考文献	233
索 引	253

导　论
为什么要清晰写作？

每学期期末，我都会调查学生对我的教学大纲中必读书目的看法。一位学生在谈到我所指定的一本书时写道："阅读（此书）就像在课堂上被迫阅读'脸书'（Facebook）的使用条款和规则。"这本书与课程主题相适，同时包含了该领域变革性的理论洞见。作为学术著作，这本书也很出色，获得了许多专业学会授予的重大奖项。但作为作品，这本书却失败了。我的学生们认为此书文笔晦涩、论证循环、行话连篇、无故啰唆。我同意。于是我准备了一场关于该书核心论点的讲座，让学生们免于因不必具备的学识而引起的头疼。

大学生，尤其是本科生，蔑视那些用语言来故弄玄虚而不明确阐释内容的晦涩书籍。在多年的教学生涯中,我认为强迫学生读坏书是残忍的,无论这些书多么精巧或重要。在看到学生们费力地从令人费解的文本中提炼中心论点后,我从教学大纲里剔除了许多时髦的民族志——每年,我都会从各个大学出版社的书目中寻找写得好的民族志;但令我惊讶的是,无法用来授课的书被源源不断地出版。

民族志提供了一种聚焦日常生活经验的定性研究方法,而民族志作者实际上是在"写文化"。与社会科学的其他研究方法不同,民族志沉浸于日常生活中司空见惯之事。民族志研究颂扬塑造地方社会政治的世界观的多样性,用鲁思·本尼迪克特(Ruth Benedict)的话来讲,这"为人类的差异性创造了一个安全的世界"。近年来,民族志方法从其发源地文化人类学传播到了社会学、市场营销、媒体研究、法学、地理学、犯罪学、教育学、文化研究、历史学和政治学等领域。在学术界外,商业贸易现在也资助针对目标市场的民族志研究,甚至美国军方也采用了基于民族志的战略人口情报(尽管具有很大争议)。[1] 然而,随着民族志方法越来越受欢迎,民族志书写却仍受到普遍的学术信念的影响,即优秀的学术研究必须很难读。

过去,民族志文本为大众打开了一扇了解异文化的窗户。如玛格丽特·米德(Margaret Mead)的《萨摩亚人的成年》或鲁思·本尼迪克特的《菊与刀》,这样的书震撼了大众读者或启发他们去思考自身文化实践的独特性。人类学家克利福德·格尔茨(Clifford Geertz)将小说艺术同"纪实与虚构结合"的技巧进行了对比,后者是一种以文雅易懂的文本呈现社会科学知识的写作形式。今天,许多民族志书籍枯燥乏味,过于专业,充斥着新词和冗长的理论絮叨,这些都模糊了有价值的见解。具有讽刺意味的是,这些研究普通人亲密经历(intimate experiences)的学者却不能为他们写作。试图理解人类行为——在特定社会或文化约束下男性和女性的思想、理想、动机和世界观——的学术研究对其研究对象来说仍是不可理解的。公平地讲,学术民族志往往具有认证功能,一些枯燥乏味的文风必须归咎于传统学科僵化的文体规范。但是，即使是伟大的社会学家 C. 赖特·米尔斯（C. Wright Mills）在把备受尊敬的塔尔科特·帕森斯（Talcott Parsons）晦涩的文章翻译成通俗英语时，也对自己学科中"宏大理论"的伪装提出了质疑。

虽然一些民族志书籍找到了商业出版社出版，但大多数都是在大学出版社编辑的悉心帮助下面世。美国历史最悠久且持续运营的学术出版社是由丹尼尔·科伊特·吉尔曼（Daniel Coit Gilman）在 1878 年建立的约翰斯·霍普金斯大学出版社，其理念是将学术知识传播到大学课堂之外。[2] 在接下来的 80 年里，研究型大学纷纷建立出版社以支持普及教育。1957 年苏联发射人造卫星和美国《国防教育法案》（National Defense Education Act, NDEA）的通过，使得美国学者的研究成果呈指数级增长。为了赢得冷战，美国政府认为需要支持学术知识的生产。1957 年至 1970 年期间，美国的大学和图书馆获得了联邦政府的补贴，用以购买学术图书，这使得大学出版社能出版那些不适合商业出版的书籍。当基础研究没有明显的商业价值时，竞争性市场不会去推动它。此时，大学出版社支持了美国艺术和科学的发展，所出版的作品更注重学术严谨而非写作质量——这是思想世界的作者们的黄金时代。当然，当时白人主导了这一学术界，因而也主要是白人男性作家在此次联邦政府的慷慨资助中受益。

然而，到了20世纪60年代末，优先权发生了转变。美国政府派遣了更多的年轻人去越南参加一场不得人心的战争，大学校园则变成了反华盛顿的抗议中心。联邦政府对高等教育的支持减少了。与此同时，随着大学向更多女性和少数族裔的开放，教师队伍变得更加多元化，政府用以支持学术研究及其成果宣传的资金进一步减少。这种趋势至今有增无减。大学出版社必须出版更多面向学术圈之外的读者的书。那种仅靠好学术就能保证专著出版的日子已一去不返。编辑们还必须判断一本书是否能有足够的销量来证明相关投资是值得的。原创性和分析技巧仍至关重要，但能否写出清晰和引人入胜的文本也成为考虑因素，特别是对首次出版书籍的作者来说。大学出版社希望他们的书能进入利润丰厚的大学教科书市场，这意味着要出版学生能够阅读的书。现在未来的民族志作者比以往任何时候都需要学会写作，并且要写得好。

一些大学出版社会出版普及类读物，商业出版社则会寻找有才华的学者，让他们的研究以更易于理解的方式呈现给更广泛的受教育群体。马尔科姆·格拉德威尔（Malcolm Gladwell）和尼可拉斯·克里斯多夫（Nicholas Kristof）等知名记者通过为大众读者解读社会科学研究而致富。《决断2秒间》《引爆点》和《半边天》等书的成功表明，大众读者很重视研究人类社会和文化领域的学者的洞见。比这些书的销量更重要的是它们对公众舆论的潜在影响，如《怪诞经济学》《独自打保龄》和《孤独的人群》等书引发了大规模的公众辩论。2014年，哈佛大学出版社出版的托马斯·皮凯蒂（Thomas Piketty）的一本关于经济不平等历史的878页的书《21世纪资本论》获得了意想不到的成功，这证明一本写得好的学术著作可以动摇大众对重要社会现象的主流看法。社会科学的学术研究应该有助于理解世界,而并不仅仅是为某个研究员赢得终身教职或晋升。引用人类学家约翰·范·马南(John Van Maanen)的话:

> 任何研究领域——民族志或其他领域——的普遍事实是,我们从事着交流活动,而交流意味着我们打算改变读者的观点。从这个角度来看,我们的任务是修辞性的。我们试图说服别人相信我们发现了一些值得注意的东西,对某些东西有了不同寻常的理解,或者,弱化一点,仅仅是很好地呈现了一些东西。也就是说,我们的写作既明确又含蓄地旨在说服别人,让他们相信我们知道自己在说什么,因此他们也应该关注我们的言论。[3]

那么,为什么很少有民族志作者清晰地写作呢?此问题使我困惑。缺乏训练只是部分原因。在研究生阶段,教授们专注于教授民族志方法论:选一个田野点,理清人类主体的评述,确认主要受访人,进行民族志访谈,等等。如果民族志写作学徒必须学一门新语言，他们将花费数百小时来掌握一门外语的语法和句法。如果要讨论写作，老师们也会把重点放在田野笔记上。大量图书建议学生如何有道德地与研究对象打交道、如何对这些对象进行准确的观察，以及如何将这些观察转化为民族志材料。

当研究人员从田野返回后，他们通常在缺乏指导的情况下撰写论文。忙碌不堪的教授和导师更关心的是内容而非形式，而答辩委员会成员会批准一篇深入研究的论文；无论作者的句子或段落写得多糟，这篇论文都在现有的学术文献中获得明确定位。大多数大学教授并不认为教英语写作是他们的职责，而且完成毕业论文需要花费的时间本来就很长，更别提担心文本质量了。论文的受众本来就是有限的：四五个答辩委员，学生的母亲，或许还有母亲的伴侣。完成任务比雅致更重要。最好的毕业论文就是一篇完成了的论文。

当这篇论文要以一本书的形式面世时，问题就出现了。年轻的民族志作者面临着在这个专业领域中立足的时间压力，要么是任职期内时间紧迫，要么是终身教职的竞争激烈。在一大堆新的责任、收入无保障和普遍的动荡中，毕业论文必须转变成某种可发表的东西。老导师忙于培养新一届的研究生，大学出版社的编辑们只有限的时间给那些试图在自己学科领域取得发言权的初级学者，新同行们也在自己的职业要求下步履蹒跚。

但糟糕的文本并非初级民族志作者的专利。许多资深学者也陷入了生产差强人意的文本的窠臼。在该领域的资历虽然为发表提供了更大便利，但资深研究人员的时间更分散，这也意味着他们用于写作的精力更有限。如果资深同行写作能力欠佳，或不关心学生的写作质量，那么谁来培养年轻一代的民族志作者呢？这种循环不断重复。

最重要的是，许多学者认为好的学问需要大量使用专业术语和欧内斯特·海明威所谓的"10美元单词"。学者们写道："当一个祖先意外离世时，个体对沮丧的主观体验会加剧。"他们的意思是"人们在突然失去父母时会感到悲伤"。他们认为第一个句子更能展示作者的才智。这种风格散发着学识，但又显得浮夸且过于复杂。当然，学科的特定术语在同行间交流时有时能提供有用的简写。医生在与其他医疗专业人员交谈时，会用医学术语来诊断我们的疾病，但好的医生会用通俗的语言向病人解释疾病。"内婚、双系、交表一夫多妻制"（endogamous, bilateral, cross-cousin polygyny）用尽可能短的语言描述了一种复杂的婚姻模式，并且在与研究传统亲属关系的人类学家交流时，这种表述极为有用。不幸的是，学者们经常使用技术性语言来使一个原本简单的概念听起来很复杂。这不仅无助于丰富思想界，反而加剧了学术研究的封闭性和排他性。

大多数民族志作者都不清楚什么是好的写作。威廉·津瑟（William Zinsser）在他的经典著作《写作法宝》中指出："很少有人意识到自己的写作有多糟糕。"社会科学家花费数年时间掌握自己的学科分支领域，却很少花时间打磨用来交流所有实践和理论见解的语言。一旦完成田野调查并分析完田野笔记后，学生和学者们在如何撰写作为研究最终成果的文章、论文、报告、毕业论文或专著上就需要切实可行的指导。

那么,为什么要清晰写作呢?我可以列出五个很好的理由:

1. 你的作品更可能被出版。学术出版社会考虑学术图书的市场价值,特别是它们之后在本科生和研究生课堂上被采用的可能性。

2. 你的作品更可能被阅读。写得好的书会吸引读者。如果你的近期目标是终身职位和晋升,你可能不会在意是否有人读过你的书。但如果不是为了尽可能多地与他人分享你的想法,那为什么要有精神生活呢?

3. 你的作品更可能影响人们的思维方式。社会科学研究增强了我们对文化多样性和人类行为的理解,优秀的民族志会产生能激发同情和谅解的见解。为什么要用糟糕的写作来掩盖这些见解呢?

4. 你的信誉度会提高。年轻的学者认为博学多才是被学术界认可的先决条件。但是,即使是用最简单文字表达,原创思想也会熠熠生辉。聪明的人能透过晦涩的烟幕，揭露隐藏在术语背后的薄弱思想。清晰写作需要智力上的勇气和信心——相当于学术上的"少说大话，付诸行动"。

5. 你欠你研究对象的。民族志研究关注日常生活中的细节，民族志作者必须努力使他们的见解（尽可能地）被他们的研究对象所理解。

接下来，我将提供一份详尽的指南，帮助你在不牺牲研究质量和严谨度的前提下，写出可读性强的民族志。这些建议源自我作为一名民族志学者和作家在过去二十年中的亲身经历；我已经研究、撰写并出版了四本民族志作品，以及许多期刊文章、书内章节、基金申报书和研究报告等。这些作品获得了学界同人和同行的认可：多项基金和奖学金、四个一等图书奖、一项最佳文章奖以及一个最佳民族志小说奖。这并不意味着我是一个专家，而是我是一个花了很长时间练习将书写从笔记转换到叙述的人。

我也从多年的教学中汲取了一些想法，并从人类学和社会学同事那里吸取了经验教训。我们都生活在思想的世界里，但我们需要用书面文字来沟通思想。本书每一章都包含了具体的建议。由于这本书的重点是写作，所以我把关于民族志研究中有关流派、方法、伦理和争论的理论与实践讨论放在了其他书里，其中一些列在了参考书目中。我也没有回顾民族志图书和文章的构成要素，因为这因学科而异，并且在各学科的研究方法专用手册中有详细的讨论。

本书探讨了民族志的写作技巧，当我还是一名试图弄明白如何写毕业论文的研究生和挣扎于将毕业论文修改成一本书的青年学者时，就很期望拥有这样一本书。但我认为所有的民族志作者可能都能在本书中发现一些有用的东西，无论他们的学科是什么或处于职业生涯的哪个阶段。我也希望鼓励民族志作者重新与公众互动，让民族志知识再次与更广泛的社会、政治及经济论题联系起来。民族志作者有许多话想说，要是他们能讲清楚就好了。

第一章
选择一个你喜欢的主题

找到一个能在整个研究和写作过程中持续激发你的热情和投入的主题，这是做任何一个长期项目的"第一步"。虽然有各种各样的因素会影响选择研究主题的过程（例如：你的学科、你的大学或你的职业阶段），但一些基本参数和考虑因素适用于所有进行民族志研究的学者。如果你已经完成了研究，并且仍疯狂地热爱它，那么这一章可能不适合你，但它可以帮你反思自己的研究方法以及作为一个研究人员在该领域的地位。如果你已经完成了你的民族志研究，却卡了必须写一个让你昏昏欲睡的主题，我将用一个特别的章节用来讨论如何在你的写作中注入激情，即使你的论题乏味无趣。对于那些即将开始下一个学术项目的人来说，选择一个你喜欢的话题是写一本人人都能读的民族志的关键。

如果你在进入田野开始民族志研究之前有幸读到本书，那你首先要问自己的是：你是否愿意在未来几年里一直思考这个主题。导师可能会推动你去研究某个符合他自己研究议程的话题，你也可能因为一些话题听起来更重要或更贴近现实世界而被其吸引。在某些情况下，你可能会因为不知道该研究什么而不知所措，并因此选择那个你最先听到的合理的话题。但这里要小心。写种族清洗比写业余民俗舞蹈更严肃，虽然这两个话题都可以为民族身份的形成提供有价值的切入点。诚然，有关种族清洗的论文会吸引更多的资助，但有关民俗舞蹈的论文必定不会那么压抑。你将长时间专注于你的研究主题。

大多数精彩的民族志背后都生活着一位对他的主题既知识渊博又充满激情的作者。论文和学位论文都是资格认证的练习。你的第一本书是你必须在晋升日期结束前完成的。如果你是兼职讲师或博士后，这本书可能是获得终身教职的门票。

对于刚获得终身教职且在寻找新项目的学者来说，第二本书可能是未来晋升为正教授的必要条件。在所有这些情况下，很明显的诱惑是选择一个热门、最新且可以在短时间内完成的话题。但是你的主要研究项目的主题决定了你的职业生涯。你必须找到你喜欢的写作主题，这样思想的兴奋才会贯穿全文。

20世纪90年代中期我在伯克利求学时，社会学、人类学和政治学的热门话题是"公民社会"。1989年东欧剧变后，大批所谓的民主专家涌入东欧国家，向目睹了自己的福利国家彻底崩溃，且刚刚获得解放的公民传授如何建立健全的公民组织。西方政府通过残破的铁幕，向这些国家投入了数十亿美元的外援，以鼓励当地非政府组织的发展。专家们称赞非营利行动和社会企业家精神是解决东欧由中央计划的国家社会主义向自由市场资本主义经济转型所引发问题的良方。

后极权主义国家公民社会的发展引发了政治和学术界的广泛关注，这也为外部基金资助博士研究提供了无数机会。在美国，联邦政府向主要的研究型大学投入了大量资金以鼓励对前华沙条约国家进行语言学习和田野调查。1996年至2000年之间，我参加的每一场讲座、专题讨论、研讨会或会议几乎都是围绕公民社会的某个方面展开的，而作为一名希望在保加利亚做研究的年轻学者，我认为我的论文题目已经选好了。

但公民社会从未让我感到兴奋。这不仅因为我反对许多赞扬拥有强大"第三部门"的社会优越性的学术作品中所蕴含的"美国中心主义"热情，或我对那些预言"开放社会"新世界的政治理论家救世主般的确定性持怀疑态度；而且还因为相关的背景文献让我昏昏欲睡。结构决定论贯穿了整个项目。它笼统的概括性忽略了数百万被卷入历史旋涡中的男男女女的思想和情感。宏观政治并没有打动我，我想研究普通人的生活。

当我向我的导师和研究生同学表达了我的意愿时，我面对的是同情和嘲笑。他们认为，由于我渴望在主流资助范围（当时的情况是主流）之外寻找兴趣点，我的学术生涯过早地受到了限制。出于恐惧，我花了两年中大部分的时间思考美国

501（c）法对前共产主义国家的出口潜力。我写了一份富布赖特（Fulbright）申请书，我学会了使用"公民社会话语"，这为我赢得了在巴尔干半岛进行一年田野调查的奖学金。我最终采取了导师的建议。

然而，进入田野后，我对第三部门政治的矛盾心理让我不知所措。东欧到处都是受到西方公民社会理论启发而提出问题的研究人员。我意识到，我的关于保加利亚的论文将是众多讨论类似问题的项目之一。我的民族志研究将会成为支撑政治学家构建的某些抽象模型的数据点。于是，我把学术注意力转移到了旅游业中的女性工作者，并自此再未回头。我的导师和同行们都质疑我的决定，但他们也只能在 5000 英里之外表示反对。几年后，当步入就业市场时，我是为数不多的没有谈论公民社会的东欧专家之一。或许更重要的是，有人告诉我，我对研究的热情和执着说服了他们在收到我的毕业论文前就决定给我一个终身教职。

因此，选择的话题是否恰当，对一个民族志

学者的职业生涯至关重要。在下文中,我将概述三个主要的考虑因素,这些因素将与激情一起在你选择民族志研究项目时引导你做决定:原创性;在家乡附近还是去国外研究;是作为局内人还是局外人。

原创性

曾经有一段时间,在社会文化人类学领域中做民族志田野调查意味着要到国外一个所谓的原始文化中去了解"土著"。值得庆幸的是,那些帝国主义的日子(基本上)已经过去。民族志方法已经超出了人类学的保护边界,有志于从事民族志研究的人可以在任何他们认为适合自己学术兴趣的社区进行田野调查。随着这种可能性的增加,许多潜在的研究人员变得不知所措。

虽然激情被认为是写一本通俗民族志的必要因素,但原创性才是最重要的。重复已经发表过的知识没有任何作用,这反而会削弱你建立自己学术权威的努力。在一头栽进参与观察(participant observation）之前，要广泛阅读感兴趣的领域，以了解其他学者已经做了什么。你不需要读完你所在学科的每一本书，但至少要熟读你的分支领域在过去二十年里所有重要作品的评论。这无疑是一项艰巨的任务，但如果它能防止你去做一项别人已经做过的研究，那它就是必不可少的。谷歌图书和亚马逊网站提供了电子访问渠道，哪怕是最鲜为人知的学术书名也能搜到，你没有理由在出发去田野之前不做好自己的功课。

阅读与主题相关的书籍也能测试你感兴趣的程度和激情的持久度。如果在读完数千页有关该主题的文献后仍有灵感去做研究，那你可以继续原本打算做的项目。但是，如果你发现你宁愿去打扫卫生间也不愿意忍受另一个钻研学术文献的下午，那么你可能需要重新考虑。最后，探索一个潜在的研究主题可能激发你继续探讨与之相关但更加有趣的话题。你对背景文献的精通建立了你的权威，并且构成了所有成功民族志的基础。

原创性有两种形式，（1）对人们已经研究了几十年（甚至几个世纪）的主题写一些新的东西，或者（2）写一个从未有人写过的新主题或现象。某些话题或社区比其他话题或社区更受学术界关注。如果某个特定的社会或社区在过去享有广泛的民族志关注，这并不自然而然地意味着你应该回避它。但它确实需要你仔细思考你的兴趣点是什么，以及你如何对有关那个社会/社区的大量文献做出原创性的贡献。这需要你阅读专业之外的书，并深入研究其他学科的相关文献。

你可以投身于一个已经确立的领域，也可以开创一个全新的领域，但无论哪种方式都要确保你的工作完成了一些前人还未做过的研究。例如，如果你想在喀拉哈里桑（Kalahari San）人中做田野调查或者研究萨摩亚青少年女性的性行为，你将会踏上玛乔丽·肖斯塔克（Marjorie Shostak）和玛格丽特·米德巨大（且具有争议）的足迹。你不仅需要阅读她们的原著，还要阅读其背后的所有学术著作及评论。另一方面，假如你是做"第二人生"网络虚拟世界民族志的汤姆·毕昂斯托夫（Tom Boellstorff），那么你只有很少的前期文献可以参考。毕昂斯托夫帮助开创了数字民族志的新分支。生产原创性知识是任何文章、博士论文或学术书籍的理论基础。

在家乡附近还是去国外？

民族志曾经几乎只关注所谓的"他者",但最近几十年,关注本国的民族志也变得越来越普遍。在美国,有很多由美国人写的优秀民族志。经典的如卡罗尔·斯塔克(Carol Stack)的《我们的亲人》(*All Our Kin*)和《回家的呼唤》(*Call to Home*),埃丝特·牛顿(Esther Newton)的《母亲营地》(*Mother Camp*)和菲利普·布尔戈伊斯(Philippe Bourgois)的《寻求尊严》(*In Search of Respect*)。新近的有迈克尔·戈德曼(Michael Goldman)和何柔宛(Karen Ho)的著作,他们研究了华盛顿特区世界银行的内部运作[《帝国的本质》(*Imperial Nature*)]以及华尔街的投资银行家[《清算》(*Liquidated*)]。其他的国内民族志,如大卫·瓦伦丁(David Valentine)的《想象跨性别者:一个类别的民族志》(*Imagining Transgender: An Ethnog-*

raphy of a Category）和露丝·冈伯格-穆尼奥斯（Ruth Gomberg-Munoz）的《劳动与合法性：一个墨西哥移民网络的民族志》(Labor and Legality: An Ethnography of a Mexican Immigrant Network）都是由博士研究生在他们的院校周围的城市社区进行的田野调查发展而来。瓦伦丁在纽约大学获得博士学位之前，曾骑自行车往返于曼哈顿以研究跨性别群体。冈伯格-穆尼奥斯在芝加哥伊利诺伊大学读博士期间写了一篇关于芝加哥墨西哥非法移民网络的毕业论文。

美国的族群多样性为民族志作者在家乡附近找到研究项目提供了很多机会，例如中西部地区的女性模仿者（牛顿）、曼哈顿的波多黎各毒贩（布尔戈伊斯）、华尔街的投资银行家（何）。在欧洲，民俗研究有着悠久的历史，即人类学家研究具有不同世界观的当地土著——包括少数民族和宗教少数派。在东欧的共产主义国家尤其如此，那里的旅行限制使得人类学家不能长时间旅居国外，因此，在国内做民族志有着悠久的历史。当然，"国内"和"国外"是相对的，在这个全球化时代,许多外国人在远离他们上中学的国家的大学攻读博士学位。就本书而言,"国内"指的是你长大的国家,即你所接受的文化。

就寻找一个能激发热情的话题而言,在你所出生的国家做民族志研究有一定的优势。你可能对你想研究的人已经有了清晰的认识,也许是因为你曾经是(或者渴望成为)该人群中的一员。麻省理工学院的人类学家希瑟·帕克森(Heather Paxson)对美国手工奶酪的生产做了一项有趣的研究。她对奶酪和奶酪制作的个人喜好让她走遍了美国,从佛蒙特州到威斯康星州,再到加利福尼亚州。2012年,她出版的《奶酪的生命:在美国制造食物与价值》(*The Life of Cheese: Crafting Food and Value in America*)一书中充满了智识上的兴奋。帕克森研究的是她热爱的东西,她的学术好奇心很有感染力。同样,2013年雪莉·奥特纳(Sherry Ortner)出版了《非好莱坞:美国梦日暮西山之际的独立电影》(*Not Hollywood: Independent Film at the Twilight of the American Dream*)一书,她观看了650部电影,采访了无数作家、导演、制片人和演员,还参加了美国主要的电影节。奥特纳将对独立电影的热情注入了她的写作。研究某个艺术团体也为融入那个团体提供了极佳的机会。

在离家近的地方做研究的第二个好处是你可能不需要学习一门外语。如果你需要和自己所属的文化中的少数族群打交道，在多数情况下（这么说可能不完全正确），你的母语就已经足够了。学习一门新语言需要时间，民族志研究需要新学的语言达到接近流利的程度，并且还得基本掌握当地俗语。如果你没有双语能力或在语言学习方面没有天赋，那么用母语是一条可能的途径。在家乡附近调研可以让你直接进入田野，不需要花费数月（或数年）去掌握一门外语，这对那些不想在研究生院拖延时间或者担心任职期时间不够的人来说是一个明显的优势。

做一个更本土化的民族志研究的另一个优势涉及研究安排。当你待在国内时，你会更容易解决访问途径、住宿、财务及旅行的问题。你可能已经和你想研究的特定社区建立了"联系"。最重要的是，你不需要申请签证或特殊居留证就可以在这个国家待很长一段时间。据我在保加利亚进行的两个长期田野调查项目的经验来看，要获得超过 90 天的合法居留权需要耗费大量的时间和精力。我在俄罗斯做研究的同事总是没完没了地抱怨签证程序，你甚至无法想象在朝鲜做研究所面临的挑战。此外，在国内从银行取钱只需要去最近的自动提款机。但当你在国外工作时，将足够的资金转出去以及进行货币兑换可能会产生堪比古希腊戏剧的场景。

在家乡附近可以让你研究一个紧迫的当代现象。如果你的目标包括推动社会变革，那么挑战一个熟悉的政治制度并了解社会活动的参与规则时，你产生实际影响的概率就会增加。许多民族志作者会对他们研究的人群产生深厚的感情，在美国"参与行动研究"的机会比沙特阿拉伯、津巴布韦或伊朗等国家的机会更多。如果找到你的激情意味着做一些有社会意义的事，那么在国内做研究可能是最好的选择。

尽管有这些优势，但我一直都知道我想在国外进行我的参与观察。个人和专业的原因致使我选择了保加利亚（我有一半波多黎各和一半波斯人的血统，但并没有保加利亚血统），我已经在这个国家做了近19年的民族志田野调查了。是的，我需要额外的时间来学习语言，在获取长期居留许可证时经常面临官方的拖延。但这是值得的。[17]我喜欢每年去东南欧旅行两次，首都索非亚就像是我的第二故乡。我沉浸于保加利亚文化和食物，我在保加利亚的朋友比我在缅因州的还多。

如果你之前对另一个国家并没有某种迷恋，那么出国还有什么别的好处呢？你所选择的国家可能会增加你做原创性研究的机会。正因为到国外进行长期田野调查有太多麻烦，所以选择这条路的民族志作者更少一些。你研究的人群越偏远、越难接触到，你就越有可能做出一些原创性的东西。此外，在国外工作意味着你可以推广当地学者的著作，使人们更加关注西方主流研究机构之外的知识成果。建立此类联系能给人满足感。人类学家迈克尔·赫茨菲尔德（Michael Herzfeld）的职业生涯便是一个极好的例子，他为希腊、意大利，近期还为泰国提供了跨国学术合作。[1]

有太多基于长时段国际田野调查的经典和当代的民族志案例。我最喜欢的一些作品包括保罗·斯托勒（Paul Stoller）早期关于尼日尔和马里共和国桑海（Songhay）人的魔法、巫术和灵魂附身的研究。露丝·贝哈（Ruth Behar）的经典女权主义作品《被转述的女性》（*Translated Woman*）取材于墨西哥农村十年的田野调查，重点讲述了一位被谣传为女巫的杰出女性的经历。在日本，艾米·波罗沃伊（Amy Borovoy）与那些丈夫酗酒的妻子们一起工作［《太好的妻子》（*The Too-Good Wife*）］；在波兰，伊丽莎白·邓恩（Elizabeth Dunn）在一家生产婴儿食品的工厂工作，探索私有化的社会政治［《波兰私有化》（*Privatizing Poland*）］；在黎巴嫩，劳拉·迪布（Lara Deeb）探索了什叶派妇女的虔诚文化［《魅惑的现代》（*An Enchanted Modern*）］。这些民族志都植根于特定的学科，但他们的工作也受到所谓"区域"地理想象的影响。

一些学者不愿被局限在一个大陆上，有一种很有依据的批评认为，美国持续性的区域研究使得其在国外的侵略行为得以延续［参见周蕾（Rey

Chow)的《世界标靶时代》(*The Age of the World Target*)]。但是,产生于区域研究的知识生产并不一定必须要支持帝国主义的目的。你的研究也可以很容易地削弱这种目的。帕梅拉·斯特恩(Pamela Stern)和丽莎·史蒂文森(Lisa Stevenson)2006年的作品《因纽特人批评研究:当代北极民族志选集》(*Critical Inuit Studies: An Anthology of Contemporary Artic Ethnography*)公开挑战了美国和加拿大在遥远的北极地区的文化帝国主义。迈克尔·戈德曼在2006年出版的多点民族志《帝国的本质:全球化时代下的世界银行与社会正义斗争》(*Imperial Nature: The World Bank and Struggles for Social Justice in the Age*)中对世界银行进行了彻底的控诉,将这个世界组织暴露在公共批评之下。象牙塔里的人在考虑某种学术趋势是否"政治正确"之前,应该优先考虑热情和独创性。如果你发现了一个你热爱的话题(无论是在国内还是国外),那就要抵制一切试图让你放弃它的努力。

局内人与局外人身份

与留在国内或去国外有关的一个微妙问题是在你所选择研究的文化中,你拥有的"局内人"或"局外人"身份。我记得有一次在波士顿郊区沃尔瑟姆遇到一位中国人类学家,他正在那里进行参与观察。我对有人大老远从中国跑来研究沃尔瑟姆感到十分惊讶,我认为这个地方毫无特色。我住在贝尔蒙特附近,只有需要在当地一个酒类商店买啤酒时才会去沃尔瑟姆。在那里什么也没发生过。直到那时,我才意识到局外人民族志作者的价值。我从没想过研究沃尔瑟姆,因为我对它太熟悉了,以至于不能进行批判性的研究。

"局内人"和"局外人"这两个概念很难定义,它们在光谱上处于相反的两极。属于某个特定社区的成员通常被视为"局内人",特别是当民族志作者自己认同这个社区时。在过去,大多数民族志研究都是局外人的研究,这意味着研究人员最初对所研究的社区并不熟悉。这也解释了为什么许多人类学家选择出国，以便接触与自己完全不同的文化。即使是那些待在国内的人类学家也经常聚焦国内的内部他者。

今天，许多民族志作者决定研究他们自己的文化，特别是在西欧或美国工作和学习的在外国出生的民族志作者。在你的原籍所在地做田野调查为你提供了一个回家探亲的机会。一些民族志作者选择他们父母移民前所在的国家做项目，因为他们仍有一些亲戚在那里，这种情况也有一些天然的优势，即便民族志作者在开始他的田野调查之前从未在这个国家待过太长时间。有许多优秀的局内人民族志是由移居国外后又返回家乡的人做的，例如：奥尔加·舍甫琴科（Olga Shevchenko）的《后社会主义莫斯科的危机与日常》（*Crisis and the Everyday in Postsocialist Moscow*），C. K. 李（C. K. Lee）的《性别与华南奇迹》（*Gender and the South China Miracle*），以及克里斯蒂娜·格拉斯尼（Cristina Grasseni）的《发展技能、发展视野：阿尔卑斯山脚下的地域时间》（*Developing Skill, Developing Vision: Practices of Locality at the Foot of the Alps*）。

还有一些"局内人"民族志,比如何柔宛的《清算》讲述了一个重新回到自己以前职业的投资银行家所做的研究,又比如露丝·贝哈的《一个叫"家"的岛屿》(*An Island Called Home*),便是人类学家回到自己童年时代的国家所做的研究。最后,还有一些本土人类学家回到自己的祖国,在自己社区之外的人群中工作,例如杜杉杉(Shanshan Du)的《社会性别的平等模式:"筷子成双"与拉祜族的两性合一》(*Chopsticks Only Work in Pairs: Gender Unity and Gender Equality among the Lahu in Southwest China*)。

局外人民族志呈现了一套不同的风险和回报,但是做局内人研究也并非易事。与熟悉的文化保持批判性的距离是一个独特的挑战,如果报道人认为你已经了解了他们的历史和世界观,他们也可能并不会那么合作或乐于提供信息。例如,当我刚开始在保加利亚工作时,我的语言技巧只有初级水平。当我用保加利亚语做访问时,人们说得很慢并且解释了普通保加利亚人都应该知道的文化习俗和历史(比如他们共同的奥斯曼帝国侵略史)。随着我的保加利亚语的提高以及口音的减少，人们便不再那么详细地描述他们的过去了。我做了一个实验，当我对一些新的受访者说更明显的带有美国口音的保加利亚语时，他们便再次详细地阐述了奥斯曼帝国500年的统治对他们文化的持续性影响（尽管他们国家1878年就已经独立了）。虽然局内人可能更容易进入一个社区，但他们需要花费额外的努力来说服受访者说出他们认为民族志作者已与他们共享的历史和世界观。

对你的研究主题做出明智的选择意味着要明白是留在国内还是出国，以及在一个特定社区中作为局内人还是局外人的利弊。虽然原创性仍是你的首要目的，但激发工作热情也应该成为你选择某个项目的重要因素。但是，假如你不得不写一个你讨厌的项目的报告呢？

当缺乏激情时

你可能已经有几百页的田野笔记，却发现自己坐在电脑前，对眼前的任务毫无灵感。有几个原因或许可以解释为什么你会对一个几乎不让你

心动的话题犯难,其中包括:

- 太迟了。你已经在一个无聊的话题上做完了所有的研究。
- 你对一个话题充满激情,但却对自己的研究大失所望。
- 你对一个话题充满激情,但另一个学者抢占了先机。

如果发现自己处于以上任何一种情况,你有两个选择,要么完全放弃这个项目,要么勉强继续,尽你最大的努力。放弃有它的好处,但取决于你已经做了多少研究,你可能需要放弃很多。这些决定必须由个人来做,但如果你愿意继续下去,你也可以挽救一个项目。

如前所述,许多研究生和初级学者都是在导师的建议下进到某个项目的田野里。直到后来,他们才发现自己对这个话题并不感兴趣。当你在田野里时,这一点可能会被忽略,但当你返回后,在面临数百小时的写作和项目报告修改时,现实会让你痛苦不堪。如果你是在完成田野调查后才开始阅读本书，你可能正处于这种不幸的状态。在大多数情况下，再次进行长时间的田野调查是不可行的，所以你必须利用现有资源。你要如何做才能使这一切变得尽可能轻松一点呢？

一种情况是当你在田野里研究某个群体的过程中发现他们是不道德或令人不悦的。我认识一名学生，她打算去某个非洲国家研究一个试图提升妇女健康状况的小型非营利组织。该组织允许她参与他们的日常工作，作为回报，她要为他们撰写基金申请。这个学生花了几个月的时间学习他们国际事务的来龙去脉。然而，在她的田野调查过程中，她发现该组织的女领导从该组织的日常开支中赚了很多钱；他们所筹集的资金中仅有一小部分用以帮助非洲妇女。该学生认为非营利组织为中上阶层的白人女性寻找有意义的工作提供了途径，特别是在她们的孩子上了寄宿学校后。但这些女性很欢迎她，并允许她完全进入到她们的组织内部。这名学生不想写任何关于她们的负面内容。

另一种糟糕的情况是当你做了大量的研究后，却发现别人就你的研究主题已经出版了一本书或发表了一篇文章。这可能是偶然发生的（例如由一个无畏的记者所为），但有时是一位更资深的学者在他们自己的作品中"借用"了你的研究发现——这是一种对信任的毁灭性侵犯。这种情况比你想象的更为普遍。2015 年，罗姆·古普曼（Jerome Groopman）在评论奥利佛·萨克斯（Oliver Sacks）的自传时讨论过学术界这个肮脏的小秘密：

> 在基金评审委员会工作期间，我观察到一些高级研究员十分公正且心怀善意，但也有一些人猛烈抨击那些富有创造力的研究者的申请书，然后窃取他们的想法。类似的自相残杀也发生在论文提交中，审稿人诋毁具有竞争力的研究以致其无法发表。科学等级制度有其阴暗的一面，这种阴暗面源于对成功和名誉无节制的欲望。[2]

我有一个同事在做田野调查时会定期将自己

的研究报告发给她的导师。报告里有她在一个政治动荡地区所做的关于族际关系的原始田野笔记和日常观察。我朋友的导师根据她的数据发表了一篇论文,并且提出了我朋友准备在她的论文中论证的观点。这段经历让我的同事十分痛苦,她因此干脆离开了学术圈。在其他情况下,学者可能会在没有适当引用的情况下借用核心观点或论点。你的田野笔记仍是你的,但你的研究没有了那个核心的理论见解便被毁了。

如果发现自己处于其中任意一种情况,或出于其他原因必须就某个让你提不起兴趣的话题写一篇论文、文章或一本书,也不必绝望。如果重新将精力集中在写作过程,你可能会重燃对这个项目的热情。真正优秀的写作甚至可以挽救最平凡的话题。如果你不相信我,那就去读尼克尔森·贝克(Nicholson Baker)的第一部小说《夹层》(*The Mezzanine*)吧。在这本小说中,他描写了纸巾自动分发机的运作或日期戳的构造,文笔妙不可言,让读者对平凡事物的美妙叹为观止。

如果不再抱任何幻想,你可以讲述这个过程

并讲出一个好的故事。如果别人已经写过你的一项重大发现，用你自己吸引人的文字重新阐述这个发现。大多数学者的写作都很糟糕。把精力集中在写作技巧上也许能让你对一个失望的项目重燃热情。写作是可以学习的，如果你不能发表满意的、最重大的研究成果，至少你可以写一本好书。

第二章
将自己融入材料

当打算与女权行动主义者谈话却最终与基督教修女聊上时,你打算如何做?社会学家卡特亚·冈瑟(Katja Guenther)用第一人称的叙述手法将读者带入她的田野点,并解释了一个意想不到的对话者的出现:

> 当我开始研究东德剧变后的女权主义组织时,我并没有想到会采访修女。但在埃尔福特,我遇到了一位叫本尼迪克特的修女,这位80岁的修女是好牧人(Good Shepherd)姐妹会当地分会的负责人。这个修会的组织理念是那些处于危机中的人有时需要一个好的牧羊人来引导他们。该修会有5000名成员,

在全球 70 个国家工作,他们致力于为边缘和弱势群体服务,特别是危机局势中的妇女和儿童。[1]

冈瑟让我们体验到了她发现修会致力于帮助妇女时的惊讶,而不只是讲述了修会的工作。第一人称"我"揭示了隐藏在印刷文字后面的人,是对读者的邀请。

一名民族志作者在田野里的观察形成了他做文化分析的材料,但在你的职业生涯中不同时间段所做的不同田野调查也意味着不同的东西。在所有使用民族志方法的学科中,你的感知构成了读者进入你所描述的世界的透镜。虽然"重建主观经验没有万无一失的方法",[2] 但作为民族志作者,你所受的训练使你有资格解释和描述你所研究的文化世界观。不同学科对所谓的客观性持有不同标准,出版格式(例如书、论文或者研究报告)也会影响你使用第一人称的舒适程度。例如,想想这两种截然不同的关于民族志的定义,第一种来自社会学家伊利亚·安德森(Elijah Anderson),第二种来自人类学家约翰·范·马南:

民族志作者的工作目的是尽可能客观。这并非易事,因为这需要研究人员试着抛开他们自己的价值观以及道德上那些可以和不可以接受的预设——换句话说,就摒弃他们通常看待特定情况的棱镜。从定义上讲,一个人的预设对他的感知来说是如此的基本,以至于他很难发现这些预设所带来的影响,甚至不可能发现。然而,民族志研究人员已经被训练得能寻找和识别这些潜在的假设,无论是他们自己的还是研究对象的,且试图克服前者并揭示后者。[3]

民族志仍然是一种相对艺术的、即兴的、情境式的社会研究形式,它所体现的研究设计、理论目标、现有概念和技术性写作的基本原则尚未留下深刻的印记。最后,我认为这就是它本应该有的样子,因为一本有说服力和广为流传的民族志常常带有某种混乱、神秘和奇迹的色彩。[4]

虽然安德森主张民族志作者的主观经验可以得到理解和控制，但范·马南认为民族志的主观混乱性使得这种体裁在社会科学中独树一帜且具有价值。关于民族志作者的客观性问题存在很多有争议的文献，但这不在本书的讨论范围内。[5] 然而，无论你在客观性-主观性光谱上位于何处，都应考虑将自己融入材料中去。

年轻学者担心暴露他们的研究者身份会破坏自己的可信度。人类学家露丝·贝哈抓住了这种情绪的精髓，她写道："对于人类学家来说，书写自己是一种不可饶恕的罪过。我们被教导成抄书吏，讲述别人的故事。"[6] 但是，明智地使用第一人称会给所有民族志文本带来生机和活力——它会增强你的可信度，因为它表明了你当时在场，你的知识来源于一手经验。参与观察依赖于你与所研究的社区或文化的接触，而读者想知道你是如何被接受的。

当以个人的方式书写方法论部分时，感觉更加真实。皮埃尔·布迪厄（Pierre Bourdieu）的一个法国学生罗艾克·华康德（Loïc Wacquant）提供了一个在讨论方法论时使用第一人称的例子。华康德搬到了芝加哥南部,在一家非裔美国人的健身房成为一名拳击手学徒。在下面的段落中,华康德不仅解释了他如何学会了拳击,同时也为他对运动的热情及在田野中发展的关系打开了一扇窗:

> 三年来,我与当地的业余和专业拳击手一起训练,每周三到六次,从镜子前的拳击练习到擂台上的对打,我孜孜不倦地投入到他们严酷训练的每个阶段。令我自己和身边的人惊讶的是,我逐渐被这个游戏所吸引……我沉醉其中,有一段时间甚至想放弃我的学术而"转行做职业拳击手",由此便仍可以和健身房的朋友及教练在一起。教练迪迪·阿穆尔(DeeDee Armour)已经成为我的第二个父亲。[7]

华康德的《身体与灵魂:拳击手学徒笔记》(*Body and Soul: Notebooks of an Apprentice Boxer*)涉及了重要的社会学理论问题,是一本充满智慧且经验丰富的民族志，同时辅以相互交织的第一人称叙述。

社会学家莫妮卡·麦克德莫特（Monica McDermott）在她的《白人工人阶级》（*Working-Class White*）中采用了相似的策略。麦克德莫特是一名美国白人女性，她在亚特兰大和波士顿的两家加油站商店工作了一年。作为一名收银员，她观察到顾客之间的跨种族互动。她认为，在20世纪60年代民权运动取得胜利的多年之后，对黑人的歧视仍存在于美国。麦克德莫特通过大量证据证明了种族主义在白人工人阶级中的日常运作，但她也给读者一种发自内心的感觉，即无论肤色如何，美国贫穷工人的生活都很不稳定。她写道：

> 我在便利店做店员不到一年的时间里，目睹了从青少年偷糖果到停车场劫车的犯罪；被劫的那辆车后来被用于该州的一系列武装抢劫。通用燃料公司的停车场发生了一场枪战，当时不是我值班，在我刚下班不久，附近的一个付费电话亭里发生了一起谋杀案。

在快客超市轮班一小时后,接替我的那名收银员被枪指着脸,直到他把收银机里的钱全部拿出来。[8]

现在用第三人称来读一读这段话:

> 这位民族志作者在便利店做店员不到一年的时间里目睹了从青少年偷糖果到停车场劫车的犯罪行为;那辆被劫的车后来被用于该州的一系列武装抢劫。当一场枪战发生在通用燃料公司的停车场时,这位民族志作者并未当班,在她下班后不久,附近的一个付费电话亭发生了一起谋杀案。这位民族志作者在快客超市结束了她的轮班的一小时后,接替她的收银员被枪指着脸,直到他把收银机里的钱都拿出来为止。[27]

同样的文章用第三人称写出来可能听起来更"客观",但它缺乏第一人称叙述的力量和亲切感。对于某些项目来说,过多使用第一人称可能会让人有压迫感,但华康德和麦克德莫特却在不让他们的作品令人难受的前提下将"我"很好地融入了进去。

更多地使用第一人称还可以让你将不同的数据和观察统一到一个文本中。人类学家凯琳·纳拉扬(Kirin Narayan)在她的著作《活在写作中:与契诃夫一起精心制造民族志》(*Alive in the Writing : Crafting Ethnography in the Company of Chekhov*)中指出:"无论是否使用第一人称,作家的声音必然意味着某种带有特定情感倾向的自我。带入一个'我',并让它滚动起来……你将会延长出一条线,一条可以用来巧妙地将不同经历和见解编织在一起的线。"[9] 换句话说,所有作者的文章中都带有个人化的声音,无论他们是否选择使用"我"。

另一个例子来自约翰·博恩曼(John Borneman)的民族志:《叙利亚插曲:阿勒颇的儿子、父亲和一位人类学家》(*Syrian Episodes : Sons , Fathers , and an Anthropologist in Aleppo*)。博恩曼通过富布赖特项目前往叙利亚,但官僚机构的阴谋,使他无法在当地大学任教。《叙利亚插曲》深入讨论了阿勒颇男人们的日常生活,探索了定义叙利亚男子气概的各种等级制度和权力关系。整本书都是透过约翰·博恩曼的"我"的滤镜来写的,他接受甚至赞扬自己文本的主观性。他写道:

> 我想我去叙利亚是因为着魔,再次着魔,或者是寻求某种在我的家乡美国所没有的魔力。在这种动机下,我和我的一些东方主义前辈们共享着一些现在不被相信的愿望:古斯塔夫·福楼拜(Gustave Flaubert)、欧内斯特·勒南(Ernest Renan)、理查德·伯顿(Richard Burton)、T. E. 劳伦斯(T. E. Lawrence)、鲁道夫·维尔肖(Rudolph Virchow)、亚历山大·冯·洪堡(Alexander von Humboldt)以及所有从西方来到东方的人——这里指近东或中东——都是为了体验差异性。但在这种遭遇中,我们的经历并不完全相同。[10]

博恩曼提倡记录式的民族志,这种形式使得"在场"的体验取代了证实某种特定理论的写作手法。[11] 这种写作风格可能不适用于正在写毕业论文的毕业生或试图获得终身教职的年轻学者（特别是在没有意愿接受更有感染力的写作风格的资深同事支持的情况下），但在你的职业生涯达到一定高度后，你便有更多的自由去尝试。《叙利亚插曲》抓住了一位不惧尝试文学形式的资深民族志学者的特权。这本书（出版于2007年，在2011年叙利亚内战爆发前进行的研究）包含了许多如何用第一人称让原本可能"枯燥"的历史变得鲜活起来的例子。请细品如下段落：

> 当我想起骆驼时，我会充满浪漫的遐想：它那可爱而开阔的脸，那大大的、一眨不眨的眼睛和张开的鼻孔，它独特的驼峰（单峰骆驼/阿拉伯骆驼只有一个驼峰），它那超大的膝盖和细长的腿。我想到了它与古代陆地丝绸之路的关系，这条路从公元前100年开始，从中国经过新月沃土一直延伸到罗马。从16世纪开始，好望角航线的发现降低了丝绸之路的重要性，慢慢地，往返于中国与欧洲的阿勒颇商队和驮货物的骆驼以及阿勒颇

本身的重要性逐渐下降。今天，除了作为一个想象的地方，作为当地人用来吸引游客参观的地理和文化历史外——让人想起马可·波罗、亚历山大大帝和十字军东征——丝绸之路的叙利亚部分已不复存在。骆驼的转变与这个更大的物质衰退和变为想象地的历史平行。偶尔，我会在阿勒颇到大马士革的路上看到骆驼，但大多数时候我只看到它们被该国东部的贝都因人所使用。作为旅游体验的一部分，在许多国家考古遗址，只需花很少的钱，贝都因人便会为我提供骑骆驼或至少是坐在它们上面的机会。[12]

在这一段文字中，博恩曼对骆驼的想象向读者展示了两千多年前的历史和数千英里外的地理。第一人称"我"呈现了一种抒情式的信息，否则读者可能会因其乏味而略去。第一人称使读者感到自己也是作者发现之旅中的一分子。

撰写"参与式行动研究"（Participatory Action Research）的发现时需要用第一人称；就如何解决

第二章　将自己融入材料　49

你所发现的问题发表自己的意见时也需要用第一人称。参与式行动研究是指学者将他的田野调查与积极的促进社会变革的计划结合起来的项目，即与社区成员合作，在试图改变世界的同时争取理解它。一些著作，如朱莉·赫曼特（Julie Hemment）的《赋权俄罗斯女性》（*Empowering Women in Russia*）便来自使用参与式行动研究进行的田野调查，此类民族志作者行动主义的例子比比皆是。菲利普·布尔戈伊斯的《寻求尊严：厄尔巴里奥的毒品交易》便是一个很好的例子。布尔戈伊斯在整本书中都以第一人称叙述，偶尔会退一步评论自己在田野中的存在及互动。但只有在最后一章，布尔戈伊斯才向读者揭示了他的情感纠葛程度。他写道：

> 我希望我对厄尔巴里奥社会边缘化经历的呈现，如雷（Ray）的毒品贩子和他们的家人为尊严和生存挣扎的经历，能在实际操作层面唤起人们对美国城市持续贫困和种族隔离悲剧的关注。我无法忍受这种可怕的讽刺，

这个世界上最富有的工业化国家,历史上最强大的世界强国,却让如此多的公民陷入贫困和监禁的境地。[13]

在这段话中,布尔戈伊斯打破常规,展现了一个怀有政治承诺,致力于改善其研究对象生活的民族志作者形象。对于渴望客观表现的民族志作者来说,这可能显得有些冒险,但是书写自己的人性,特别是在面对巨大不公时,可能可以让你的作品更容易被那些背负刻板印象和先入之见的人所接受。因为布尔戈伊斯揭示了波多黎各街头男子气概的内在逻辑,他把塞萨尔和普里莫变成了"敏感的毒品贩子"。《寻求尊严》已经成为大学各种入门课程的标准教材,年复一年,我自己的学生都把这本书列为他们的最爱。

你所在领域的学科规范决定了你在写作中如何及可以多大程度地融入自己,但如果你在此事上有任何发言权,那么欣然接受第一人称吧,让你自己的声音成为读者的阅读指南。

第三章
加入民族志细节

克利福德·格尔茨的名篇《深戏：巴厘斗鸡札记》(Deep Play: Notes on the Balinese Cockfight) 将读者带回到1958年的一个场景，当时格尔茨和他的妻子刚参加完一场非法斗鸡，正在躲避警察：

> 在人们居住的高墙院内，斗鸡被关在柳条笼子里，经常被搬来搬去，以确保最佳的阳光和阴凉的平衡。它们的食物是主人特殊配制的，各有不同，但主要是玉米。这些玉米比普通人吃的玉米做了更仔细的筛选，然后被一粒一粒地喂给它们。它们的嘴和肛门都被塞上了红辣椒，以保证精神抖擞。与婴儿洗澡一样，它们在同样的仪式准备中沐浴，

有温水、草药、鲜花和洋葱,而一只赢了的公鸡,其洗澡频率大概也与婴儿一样。它们的鸡冠被剪短,全身的羽毛被装饰,鸡距被修剪,腿部被按摩,然后被像钻石商人似的人类眯着眼睛检查瑕疵。[1]

在他1973年那本影响深远的著作《文化的解释》中,格尔茨在第一章讨论了他称之为"深描"的做法的重要性,这是阐释人类学的一个重要组成部分,他在《深戏》中的写作风格就是最好的例证。格尔茨认为,仪式为各种文化的讲述提供了一种语言。丰富的叙述细节为解释分析提供了依据,同时也为优美的民族志书写提供了素材。在上面引用的一小段中,格尔茨通过他对养鸡的细致描述抓住了巴厘人对斗鸡的热情。

每一位有志成为人类学家的人都必须掌握批判性观察的艺术,并学会如何忠实地记载日常生活的细节。用对人物、地方和事件的具体观察来阐述批判性见解可以丰富民族志细节。社会学家伊莱恩·韦纳(Elaine Weiner)很好地阐释了这个观点：

> 我最喜欢的民族志总是那些让我觉得我可以"听到"材料的书。对我来说，民族志本质上就是故事，那些故事的主人公，在我看来，在某种程度上就是讲故事的人。作为一位社会科学家，从民族志角度书写涉及对这些个体故事进行定位，这样，一个更大的叙事就会变得明晰起来，它阐明了各种社会力量和人们自己的能动性之间的相互作用。[2]

书写田野笔记

详细而有活力的田野笔记为详细而有活力的民族志提供了基础。书写高质量的田野笔记需要时间和练习，但当你坐下来起草一篇民族志论文、文章、报告或一部著作时，在田野中进行仔细和全面的观察被证明是无价的。每个新手民族志作者在开始他们的田野研究之前都应该仔细阅读爱默生（Emerson）、弗雷茨（Fretz）和肖（Shaw）的

《书写民族志田野笔记》(*Writing Ethnographic Fieldnotes*)。在这份综合指南里,作者们认为:

> 民族志作者的主要目的是描述一个社会世界及其中的人。但新手研究员的田野笔记经常缺乏足够和生动的细节。由于出于无意识的总结和评论性的措辞,田野工作者无法充分描述他所观察和经历的情况。[3]

所有研究者都是"无意识的总结和评论性的措辞"这两大弊端的受害者。在急于把所有内容都写下来时,我们会使用修辞的捷径:记录对话的要点,意译关键引文,忽略肢体语言,等等。写一个人"很生气"比描述这个人如何通过行为表达他的愤怒要快得多。

我的文件柜里有几百页的田野笔记,这些笔记来自我最初的两个民族志研究项目(包括我的博士论文)。通读这些写于1998—2000年的早期田野笔记,里面暴露了我作为一个新手民族志作者的许多缺点。我的博士论文田野笔记都是手写的。我试着在一些采访和互动中使用录音机,但我的许多报告人对录音机感到不舒服(这是在20世纪90年代的保加利亚)。当录音机被关闭时,他们的谈吐变得更加真诚。我做了大量的笔记,但没有系统地记录细节。我因为森林错过了大树。在田野里待了14个月后,我收集到了足够的信息来写我的论文,但今天,我意识到我当时的田野笔记十分糟糕。

2005年,当我回到保加利亚进行第二阶段的持续性田野调查时,我的笔记有所改进,因为我发现了一个新策略。我白天手写笔记,到了晚上便把笔记录入电子邮件并发送给自己。每晚的电子邮件给我提供了电子备份并让我有机会将白天忽略掉的细节补充进去。最初,新系统运作良好,但它需要更多的时间。我和我三岁的女儿一起开启了我第二个项目的田野调查,我要等她睡着后才能开始邮件录入。但每天发生的事情太多了,在还没来得及将它们写下来时我就已经筋疲力尽。因为我女儿每天日出时便叫醒我,所以我开始跳过冗长的深描,这样我才能上床睡觉。直到回到美国后,我才意识到我丢失了成百上千的细节。

睡眠和陪伴女儿比做研究更重要,但回顾这些早期的田野笔记,我发现自己走了捷径。例如,在一些条目中,我只记录了一天中的时间,描述了一件事或一段对话。当我拥有更多时间来记录田野笔记时,我记录了一小时,我允许自己描述场景的灯光和太阳的位置(如果我在户外的话)。那会有影子吗?影子投在哪里?人们在说话时是眯着眼,还是在黑暗中睁大眼睛看东西?如果我在室内,我会思考有多少人造光,是什么样的光。有白炽灯泡吗?如果有,是多少瓦?灯是立式的还是台灯?有顶灯吗?如果有的话,是荧光灯吗?

尽管这些信息看起来微不足道,但这些段落却体现出深入的观察。当我在保加利亚农村去别人家里拜访时,我可以通过照明来推测一个家庭的社会经济地位。在东欧剧变后,电价上涨,人工照明成为一种奢侈品。有一次,我在一间私人公寓里做访谈,房屋主人打开了我身后的一盏灯,以便我在做笔记时能看得更清楚。关于这件事,我在笔记本上记了一句话。当后来读到它时,我开始注意到人们是如何管理他们的人造光的。一间昏暗的公寓里摆满了先前时代没有用过的灯具，象征着1989年后降临到许多家庭身上的经济灾难。我在田野里观察到这一现象，但直到几周后，我在分析自己的田野笔记时才意识到它的重要性。一个细节让我看到了更大的范式。

一些民族志作者用引号将他们的田野笔记直接转换为最终文本，但我发现自己的田野笔记太粗糙，根本不能直接纳入初稿中。我会在第五章中详细地讨论如何在整合自己的理论时使用田野笔记，但一般来讲，我倾向于从我的田野笔记中写作，将我的原始民族志观察整理为对人群、地方和事件的更有力的描述。

描述人

可读性强的民族志需要引人入胜的"人物"。由于在田野里个人间的互动推动着民族志研究，所以要以三维的方式呈现你的主要受访人，将他们作为真实的人而非漫画人物。当然，民族志作者在伦理上有义务更改一些能识别他们研究对象的细节（依据批准了最初研究方案的机构审查委员会的要求，需要或多或少地更改），但这并不能成为创建人物类型的借口，因为"你必须改变细节"并不意味着你应该减少细节。

在描写人物时，避免用一连串物理或情感特征来描述一个人，比如：高大、公平、勇敢、坦率、有进取心等。相反，我们应该考虑用他们的行动来描述他们，展示他们如何应对日常生活的变迁。将行为置于人物之前或人物是一连串的行为，这种想法可以追溯到亚里士多德的《诗学》（*Poetics*）："现在，性格决定了人的品质，但正是他们的行为表现出他们是否开心。因此，戏剧行为并非为了表现性格；性格只是行为的附庸。"[4] 任何作家都不该忽视亚里士多德的重要见解，尤其是民族志作者。小说家可以通过创造虚构的事迹来塑造丰满的人物，但民族志作者则必须与现实世界中展示日常行为的真实人物打交道。你必须捕捉到你的"人物"在社会体系中的行为方式。

这种对人的细致关注为最好的民族志打下了

基础。优秀的民族志写作会用平实的语言来探索一个特定社会的共同实践和信仰。我们的"人物"在日常生活中扮演着平凡的角色,这种相对的平淡却揭示了重要的文化相似性和差异性。例如,当美国人摆姿势拍照时,他们通常会微笑。保加利亚人并不总是对着镜头微笑,事实上,政府规定在包括驾照和学生证在内的官方照片中禁止微笑。

摄影的官方惯例,以及如何在镜头面前摆姿势的社会规范都会影响到日常生活。我记得有一次看到一个国际选美大赛决赛选手的照片。当其他决赛选手在展示她们珍珠般的白牙时,保加利亚小姐却保持着一副坚忍克己的面孔。这是一个有意识的选择,还是文化习俗已经根深蒂固,以至于她没有意识到她是唯一一个没有笑的人?在日本,当有人把镜头对准他们时,许多人会做出"和平手指"的剪刀手势。在二十多岁住在九州的三年里,我有数百张学生和朋友像理查德·尼克松一样举起手摆出胜利"V"手势的照片。在第二年的某个时刻,我也开始这么做了。我不记得自己做了什么有意识的选择，只是觉得不做和平手势是不对的。当我回到美国后，我仍保持着这个习惯，一个敏锐的观察者猜测我在日本待过很长时间。

使用类似这样的小细节可以改进我们写人的方式。描述一个人在熟悉的情况下如何反应，为我们了解他或她的性格提供了一个很好的窗口。我们知道自己在镜头面前会做什么：微笑、歪着头、侧身或摆出显得胳膊瘦的姿势。我们中的一些人会讨厌镜头，害羞或遮住脸。小说家利用这些细节使他们的人物栩栩如生。如果我写"马修很害羞，性格忧郁"，我是在告诉读者马修的性格。或者我可以把马修放在镜头前，展示他的羞怯："马修是那种在照片中从不微笑的人。当有人提醒他说'茄子'时，他就抿着嘴唇，低头看着自己的鞋子。"第二句话抓住了更多关于马修的细微差别，因为它描述了他对一个熟悉环境的反应。

这有另一个从小说家的手稿中摘录的例子。如果我想描述一位因为事情进展太慢而感到沮丧的女人，我可能会这样写："艾琳娜是个没有耐心

的女性。"但小说家会用艾琳娜的行动来证明她的不耐烦。例如,小说家可能会这样写:

> 艾琳娜估量了杂货店收银台前不同队伍的长度。她从来不去读杂志上的头条新闻。相反,艾琳娜通过评估其他人购物车里的东西来决定哪个队伍向前移动得最快。她选择了其中一个队伍,但如果她认为另一个队伍更快便会跳到另一个队伍。如果她拿着购物篮,即使篮子里有超过 12 件商品,她也会使用快速通道。

对场景的熟悉让读者对艾琳娜的性格有了一定的了解。我们大多数人都在杂货店排过队,读过小报或者看过经过精心摆放用来诱惑我们的巧克力。当你在田野里时,去市场或杂货店看看真实的人们是怎么做的,考察杂货店礼仪的社会规范和预期。在保加利亚和德国,收银员都是坐在椅子上的,顾客需要自己打包自己买的货品。收银员很少和顾客交谈。在缅因州,顾客经常和收银台的收银员聊天,如聊天气之类。还有一些负责装袋的人,通常是些年轻的高中生,他们会问你"要纸袋子还是塑料袋"。当我住在日本农村时,那里的收银员很爱聊天。他们还会评论我买的东西,并问我打算用某些配料做什么菜。有一次,一位收银员问我是不是拉肚子了,因为她认为我买了太多的厕纸,这令我十分尴尬。

如果写小说,你可以通过想象她在杂货店排队结账来探索一个角色。她对收银员友好吗,或者在用手机聊天?她是看杂志的人还是整理优惠券的人?我母亲总是盯着闪现在收银机上的商品价格,以确保收银员没有将同一件商品扫两次。付款后,她会仔细检查收据,以确保商店的优惠没有错。在收银台前排队时,我则用智能手机收发电子邮件并把收据毫不犹豫地塞进钱包。即使不去看购物车里的东西,你也可以通过观察我们排队结账时的行为来准确地了解我们是谁。

小说家想象的地方则是民族志作者必须观察的地方。你可能会发现描写不认识的人很困难,当我们在描述陌生人时都依赖于刻板印象。但即使是在最短暂的瞬间，你也必须努力捕捉细节。例如，不要只是写一个中年男子"超重"，你可以描述他的脸颊是如何在下颌线下变得松弛并形成了鼓起的双下巴。与其告诉读者一个男人秃头了，不如讨论他的头型或者他头皮的光泽度。描述高个子穿过低矮门，矮个子伸手去拿架子最高处的早餐麦片。展示笨拙的人绊倒或撞上门框。描述手势和姿势。请记得福尔摩斯，他可以通过人们衣着或行为上的细微线索推测出人们生活中最私密的细节。

当描述人的时候，要注意描述性格的形容词和副词。如果你想说某人说话"温柔"或"大胆"，避免使用副词，告诉读者这个人是如何说话的："她说话声音低沉，喃喃地，每个词语之间都有长时间的试探性停顿。"或者，"她讲话声音洪亮，发音清晰，就像在读公告一样"。形容词和副词可能会充斥在你的田野笔记中，但当你坐下来写你最终的民族志文本时，圈出这些辅助词，并决定哪些可以用民族志细节替换。有些形容词无法被替换，例如，一件绿色连衣裙就是一件绿色连衣裙。你可以选择一个更具体的形容词——一件青瓷色连衣裙,但"青瓷色"仍旧是一个形容词。把用来描述性格的词,如"不耐烦的"或"自负的"转换为行为。

社会学家卡琳·莱西(Karyn Lacy)的《非凡的黑人:新黑人中产阶级中的种族、阶级和地位》(*Blue-Chip Black: Race, Class, and Status in the New Black Middle Class*)一书就是一个很好的深描的例子。在引言的开篇,莱西通过将她的报道人放在他们的社会世界中来描述他们:

> 当我问安德里亚·克莱顿,一位43岁的联邦政府信息分析员,她认为黑人在美国是已经成功了还是仍有很长的路要走……她说:"他们想成为白人而不是做自己。"她和她的丈夫——格雷格——有两个十几岁的孩子:一个17岁的女儿和一个15岁的儿子。他们在华盛顿特区中上阶层郊区伍德公园一条安静的街道住了七年。他们的房子有四间卧室,是一座气派的红砖外墙殖民式建筑,有着闪亮的黑色百叶窗,坐落在一英亩修剪整齐的

草坪上。孩子们是当地足球队的活跃成员,格雷格是球队的教练之一。安德里亚和她的丈夫都开着中型车,并给他们能独自驾驶的女儿提供了一辆自己的车。乍一看,他们和白人中产阶级几乎一模一样。但与一般中产阶级白人家庭居住的几乎都是白人社区不同,克莱顿所在的高档小区主要居住的是黑人。[5]

莱西组织了对克莱顿生活方式的精准细节的描述以探索他们与白人中产阶级家庭的相似之处,与她的报道人的开场陈述形成了鲜明对比。她用形容词(和一个副词)来描述事物而不是描述人物特征,比如:安静、中上阶层、四间卧室、气派的、闪亮的、中型、高档和修剪整齐。莱西专注于她的报道人是如何做的。孩子们踢足球,父亲是球队教练,他们给十几岁的女儿买了一辆中型汽车。他们住在一个主要是黑人的小区里,某个人(父亲?雇佣的园丁?)确保他们的草坪被浇水、除草和修剪。

在开始写书或文章之前,把你的主要报道人

想象成小说中的人物。如果你是一位小说家,你能用他们生活中的哪些细节来更好地描述他们呢?检查你的田野笔记并且概述一些例子,说明你的报道人在他们的社会环境中是如何表现的,展示他们作为个体的独特之处。当你做完这些描述后,回头数一数你文章中形容词的数量,试着用对动作的描述来替换一些形容词。民族志作者越是用行动来描述人物,读者的阅读体验就越丰富。当然,有些形容词是不可避免的,而且"展示"会占据更多额外的篇幅。过多的深描会使文章变得冗长乏味,有些地方直接说出来比展示出来更可取。通过让角色具有行动的可能性,从而创造出可见的角色,但不要陷入冗长的描述中,这样会分散你的叙述主线。在具体细节和叙述效率之间取得平衡,但要让你研究中的人物有机会在自己的世界中行动,让他们成为引导你阐释性分析的地点和事件的向导。

第四章
描述地点和事件

描述地点

为了避开一个坑洼,这辆破旧的标致出租车转向了,我紧紧抓住车窗把手,凝视着阿比让拥挤街道上的人群。妇女们背着婴儿行走着,头上顶着堆得高高的各式重物:一个搪瓷盘,上面盛着将要在市场出售的进口苹果,一台老式的脚踏式缝纫机,一个皮革手提包。身着亮色印花西装的男人们站在街角,兜售着金色的项链、蛇皮钱包和折叠雨伞。什么时候车窗外的景色才能是蜿蜒穿过茂密森林的土路,而不是从酒店到餐馆再到银行的柏油路呢?[1]

在这段对科特迪瓦首都的丰富描写中,人类学家阿尔玛·戈特利布(Alma Gottlieb)将这座城市在她的读者面前复活了,她将柏油路与她希望看到的土路进行对比,并让沉浸在日常生活节奏中的人们出现在她的出租车窗外。戈特利布并没有告诉我们这里是西非,她用精心挑选的细节向我们展示。地方并不能像人一样能做事情,许多新手民族志作者在写到物理环境时都采用纯粹的描述性模式。但是,在描述地方的时候也有一些类似的技巧可以使你的文章生动起来,并且将读者带入到一个在纸页上生动呈现的世界中。再次强调,你加入丰富民族志细节的能力应该从你的田野笔记开始,但有两个简单的技巧可以帮助你记住关于地点的细节:总是搜集地图和拍摄大量的照片。

当我第一次进入田野时,我变成了一个热心的业余地图绘制员。我画了一些简单的草图以了解情况。一开始,这些小地图防止我迷路,但它们也是记忆地形和空间方位的宝贵工具。我还用了一个小傻瓜相机拍摄户外场景,当我采访时,也拍摄受访人在他们家里的照片。这些照片帮我区分不同的化名,但它们也包含了我的报道人居住空间的重要信息。这些不是要发表的照片,而是协助我有时并不完美的记忆力的工具(拍摄发表的照片将在第七章讨论)。

一旦有了田野笔记、照片和地图的原始材料,你就可以用这三种方式来描写地方:

> 描述它们与其他地方的关系;
> 描述它们的历史;
> 描述它们与居住在那里的人的关系。

地方与地方之间的关系

无论在国内还是在国外工作,民族志作者都必须为读者描绘所在的地方。描写地方,尤其是那些读者无法想象的遥远国度,是一种描述性的挑战。将新地方与熟悉的地方进行比较是一种唤起地形或建筑细节的简单策略。当你在田野里时，思考你的田野点与你家里的环境有何不同；虽然如果你在国外，这种差异会更明显，但在国内也有很多地区或社区的差异。描述城市空间、乡下村镇或者封闭的郊区社区，都为读者提供了关于你的报道人生活世界的基本社会经济信息。

例如，我在30岁前一直住在加利福尼亚州。2002年，当我搬到缅因州时，关于新英格兰的一切对我来说都是陌生的：带有木质护墙板和木瓦的斗篷式房屋、岩石海滩、狭窄的公路、壮丽的秋日和严酷的冬天。我在南加州长大，那里的干旱和野火让木屋变得不实用，那里有宽阔的沙滩、宽敞的六车道高速公路，只有很少的树会落叶。我从不知道"一年生"和"多年生"植物之间的区别，因为在圣地亚哥几乎所有的植物都是"多年生"的。"远离家乡"（缅因人如此说）给了我一套用来描述下东区风景的相对词汇。

在我的第一本书《红色里维埃拉》（*The Red Riviera*）中，我想到以对保加利亚黑海的描述作为开头。我的大多数读者都不知道保加利亚有海滩，更不用说大型度假中心了。在前两段,我将有人的黑海海岸与其他人们更熟悉的海滩度假胜地进行了比较,以唤起人们对保加利亚海边的认知:

> 海风咸咸的,带着凉爽。卖玉米棒子的年轻人歌剧般的叫卖声伴随着水上摩托艇刺耳的轰鸣及黑海扑打岩石的撞击声。裸露上身的西欧女孩慵懒地躺在发福的俄罗斯老奶奶身边。一群狂野的十来岁男孩在岸边横冲直撞,将足球踢进由赤裸孩童建造的沙滩城堡,他们尖叫着。超过5000人在度假胜地阿尔贝那狭长的沙滩上享受着这愉悦的一天。
>
> 海岸上的细沙与苏梅岛或安提瓜岛上柔软、雪白的沙粒十分相似。但是与郁郁葱葱、热带风情的泰国或加勒比海地区相比,保加利亚给人的感觉明显是欧洲的。这里没有棕榈树,没有茅草屋,当地小贩们从一群崇拜太阳的游客中间穿行而过,他们的皮肤很白,身上小心翼翼地涂着厚厚的白色防水防晒霜。眺望大海,你会看到在任何一个大型海滩度

假胜地都能见到的水上运动设备——滑翔伞、滑水橇和划桨船。这可能是希腊、意大利或法国,但向内陆望去,高耸的水泥酒店——社会主义建筑的巨大支柱——显示了这片土地的共产主义过往。[2]

在这些开头的段落中,我从对加勒比海和泰国的异国海滩的刻板印象开始,召唤出白色沙滩、棕榈树和挤满游客的海岸线。一旦读者想到了海滩,我就会把他们的想象力推到更为熟悉的希腊或法国南部的欧洲海滩上。直到我的读者脑海中想象出南欧的海滨时,我才向他们介绍那些高耸的水泥酒店,它们与保加利亚度假胜地阿尔贝那截然不同。即使必须依赖于刻板印象,但当你提供一个熟悉的参考对象时,就会更容易唤醒地方。

你也可以把"地方"作为你社会分析的隐喻。如果一个街区的前院都经过精心修剪,唯独有一片草坪杂草丛生,那就突出这种对比。描述家庭园艺在这个社区的社会意义,以及当一个家庭放弃打理花园时意味着什么。这片无人照看的草坪的景象暗示着美国中产阶级的逐渐衰落。里约热内卢依帕内玛海滩上的贫民窟提供了另一个空间对比，它充分说明了巴西的贫富差距问题。华盛顿特区社区之间的物理差异揭示了其背后的社会经济现实——例如，贫困地区集中了更多的酒类商店和典当行。作为一名民族志作者，你应该思考你对地方的描述如何才能支撑你的项目的更大的理论见解。

讲述地方历史

所有的地方都有历史。找出以前那里是什么样的，以及它是如何随着时间而改变的。你可以通过谈论一个家族的历史来讨论这个家族的谱系。你也可以通过描述道路、桥梁、办公园区或购物中心的物理发展来探索城市化的过程。希腊的塞萨洛尼基有一些住宅区，那里的公寓拔地而起，环绕着有着千年历史的考古遗址。现代希腊人以一种美国人几乎不能理解的方式面对着他们悠久历史的证据。市中心通常保留着它们过去的痕迹，对这些遗址的详细描述为我们探索以前发生过什么提供了词汇。

通过唤起意象来描述空间的变化，以及这些变化对你的报道人的影响。在《寻求尊严》的第二章中，菲利普·布尔戈伊斯写了厄尔巴里奥的街头历史，探索了波多黎各的殖民史、大迁移、纽约的去工业化和蓝领工人的下岗，以及纽约市的当代政治经济。布尔戈伊斯将这种微观的历史叙述嵌入到对东哈莱姆的细腻的实际描述中，这为波多黎各边缘化的故事增加了深度和触感。

另一个例子来自伊利亚·安德森的《街角符号：内城贫民区的面子、暴力与道德生活》（*Code of the Street: Decency, Violence, and the Moral Life of the Inner City*）。这本书的导论通过探索日耳曼敦大道上的各个社区，全面展示了费城城市中黑人和白人之间的社会关系。安德森写道：

> 日耳曼敦大道是费城的一条主干道，其历史可以追溯到殖民时期。它全长 8.5 英里，主要向东南方向延伸，连接了西北郊区和费城内城的中心。它也穿越了不同的社会地域。

> 日耳曼敦大道是美国主要城市社会生态的一个极好的横切面。沿着这条大动脉生活着富人、中产阶级、穷人和极端贫穷的人——城市社会的不同阶层。因此,日耳曼敦大道的故事可以在许多方面作为整个城市的隐喻。[3]

当你沿着日耳曼敦大道前进时,对精品店、修剪整齐的公园、广告牌、涂鸦、空地和用木板封起来的建筑物的讨论让读者看到、感受到美国社会的不平等是如何在日常体验层面上表现出来的。从栗子山到艾利山,到日耳曼敦,再到北费城的贫民窟,安德森用这个地方的实际描述告诉了我们一个充满感官信息的关于城市贫困的故事。

当在靠近保加利亚-希腊边境的去工业化城市马丹进行田野调查时,我在一个旧足球场花了很多时间。在保加利亚共产党执政时期,当地的铅锌矿企业(GORUBSO)有一支足球队,他们与保加利亚其他企业的足球队打比赛。GORUBSO 在马丹郊区建造了这个足球场,在整个共产党执政时期,它成为一个充满活力的社区活动中心。当我在2005年抵达时，这座体育场已经年久失修。当地的牧羊人在长满草的体育场放牧。偶尔，当地的青年足球队也会在球场上比赛，但看台和球队的更衣室都成了一片废墟。失业就像癌症一般蔓延，年轻人成群结队地逃离城市。欧盟承诺为"美化"保加利亚提供资金，到2007年，当地居民成功游说欧盟用资金重建他们的足球场。体育场成了希望的灯塔，成了欧盟能够拯救该社区免于经济边缘化的梦想的承载。

足球场的历史可以作为这座城市动荡历史的隐喻。共产主义带来了财富和社区的繁荣，东欧剧变（GORUBSO被迫破产）带来了贫困和社会解体。马丹居民将他们的希望寄托在2007年1月1日保加利亚加入欧盟之上，他们相信欧洲会提供就业机会，将他们的孩子接回家并重建他们的社区。除了让读者对罗多彼山脉中部的山麓有视觉上的感受外，对不断变化的足球场的描述还可以代表这座城市的兴衰变迁。

在你的田野工作中，可以考虑选择一条街、一家酒吧、一个餐馆、一家公司或一所学校，在你所调查的社区中考察它的历史。你如何通过这个特殊的地方揭示社区的过去？这个地方的变化如何代表了社区更大的变迁？

与人有关的地方

人类学家伊丽莎白·邓恩通过加入人物和他们的行为为读者描绘了一家位于波兰的美式餐厅：

> 猎鹰酒馆的价格昂贵，食物用无胆固醇植物油煎炸，金发高挑的女服务员穿着T恤和紧身牛仔短裤。据传那里是美国商人吃饭的地方。但星期六晚上我在那里并没有看到任何美国商人。当时大约是晚上11点半，显然已经过了正常的营业时间。当我坐在人行道的露台上等我的饮料时，一群波兰男人来了。他们在一张咖啡桌旁坐下。然后每人弯下腰，在公文包里翻找并拿出一部手机。每个人都小心翼翼地——几乎是恭敬地——把手机靠在桌子中央的伞杆上，这样手机就围

成了一个圈。当这些人坐在桌旁时,没有任何一部手机响铃,也没有人拨打过电话。[4]

这一小段文字传达了"猎鹰酒馆"对渴望成为西方商人的波兰人的重要意义,其展现出一种理想的职业精神,他们在该国于1989年引入资本主义后将这种职业精神与之联系在一起。身着短裤的高挑金发女服务员,手机不响的波兰顾客,以及缺席的美国人,共同讲述了一个关于餐厅作为上演新自由主义梦想的舞台的重要性的故事。

在民族志里,因为地方上的人会在其中活动,所以地方通常具有关联性。一个让某个地方充满生机的简单方法就是像邓恩在上面所做的那样,让你的"角色"身处其中。不要只是写有孩子在操场上玩耍,要详细描述:有一个五岁的小女孩正推着一个坐在破旧秋千上的小男孩。不要只是描述乡村广场是社区的社交中心,展示人们在邮局进进出出,在露天咖啡桌旁聊天。想象一下,一个挤满了牧羊人和山羊的小镇足球场与曾经挤满了欢呼着的球迷的足球场之间的区别。后者让人联想到一个充满活力和繁荣的当地社区,而前者则表明曾挤满足球场的人早已不在。

讨论商品的政治经济学为丰富民族志手稿的细节提供了另一条途径。物品具有政治性,并且大多数物品都存在于商品链中。例如,社会学家和民族志电影制作人大卫·雷德蒙(David Redmon)在他的著作《身体、珠子和垃圾》(*Bodies, Beads, and Trash*)中对狂欢节上的珠子做了一个多点研究。雷德蒙从对新奥尔良珠子的社会意义的研究转向了海外制造这些珠子的工人的工作条件。这些无害的塑料线跨越时间和空间将人们串联在一起,雷德蒙通过对个人生活如何受到出生地政治制约的思考编织了一个关于全球化的批判性故事。商品把人们、地方、实践和信仰都联系在了一起。

仔细做笔记,也要描述处于某个空间里的东西,实物的细节可以让你深入了解报道人的性格。再强调一次,记住夏洛克·福尔摩斯通过研究人们的所有物便可以推断出他们信息的不可思议的能力。当被邀请到别人家做客时,我总是注意他们的书：有多少本，都是些什么样的书。我在一个几乎没有书籍的家庭中长大，我很羡慕那些父母拥有私人图书馆的朋友。二十多岁时，我在英国、加纳和日本生活过，在这些不同的文化中，我了解到书籍所有权是如何作为社会阶层标志的。一个家庭越接近工人阶级，家里的书籍就越少，这是我在资本主义国家注意到的一贯模式。但是，保加利亚共产党人的目标之一就是确保所有的公民有书可读，建筑师设计了带有醒目书架的公寓。矿工和女裁缝们建立了自己的图书馆，有一段时间，阅读不再仅仅是精英们的消遣。1989 年后，向资本主义的过渡再次使科学和文学商品化起来，作为某个社会阶层特权的私人图书馆重新获得了其地位。无生命的物体是无价的修辞手段，特别是当它们有助于对仪式或事件的深描时。

描述事件

20 世纪 50 年代，W. 劳埃德·华纳（W. Lloyd Warner）和一组研究员来到了马萨诸塞州纽伯里波特，当时市民们正在为庆祝该市成立300周年做准备。正如格尔茨对巴厘斗鸡的描述一样，华纳对游行队伍的仔细研究使他能够深入讨论"美洲的象征性生活"。[5] 华纳剖析了300周年的游行事件以及每一辆彩车，以此讲述了一个社会分层和阶级不可渗透的故事。民族志细节比比皆是，此书还为我们展示了另一个例子，说明了如何用对公共事件的深描作为了解一个社区内部生活的窗口。

事件是在有限的时间内以连续的步骤发生的，记录事件会让人感到乏味。练习记录事件的细节，即使是最平淡无奇的细节。捷径虽然很诱人，但你还是要尽可能多地获取信息。当你坐下来撰写最终的民族志文本时，描述事件的细节将成为你叙述的核心，尤其是当事件或仪式成为后来阐释性分析的基础时，比如格尔茨的巴厘斗鸡或华纳的纽伯里波特300周年游行。

尝试用写作练习来挑战自己。进入电梯后描述你从一楼到目的楼层途中所发生的一切。观察你的每一个动作以及与你同乘电梯的其他人的动作：谁按按键，人们的眼睛看向哪里，有人聊天吗,是否有人在每一层都不停按"关门"键以试图加快上升速度,有没有人总是伸出胳膊扶着门让跑过来的乘客进来。如果你想做一个民族志方法实验,坐电梯时背对着门,描述人们对此的反应。乘电梯可能缺乏深刻的文化意义,但书写电梯之旅能帮助你磨炼自己记录事件的能力。

当在描写发生的事情时,也要考虑到人们是如何理解时间的。时间被认为是稀缺的还是充裕的?人们戴手表吗?如果戴,他们多久看一次表?时钟有多普遍?由于大多数仪式、节日、传统事件和假期都发生在(一天、一周、一季度或一年中)特定的时间,所以要将这些事件置于更广泛的关于时间的文化概念中。利用事件探索你的报道人与时间的特殊关系,以及当地的历史、地理和社会期望如何塑造这种关系。在加纳的勒贡大学读书的那一年里,我注意到钟表的相对缺乏。总体上来讲,加纳人对时间并不太在意,但是阿克拉也非常靠近赤道,全年太阳几乎在同一时间升起和落下。太阳的位置告诉你所有你需要知道的时间。另一方面,在日本,时钟侵扰着生活。日本人到处奔波,"没有时间"是我最先学会的日语短语之一。在保加利亚,时间折磨着失业者和退休人员,他们渴望得到曾经由社会主义国家保障的工作和安全。在德国南部(写这本书时我正住在那里),我听到教堂的钟声每 15 分钟响一次,每小时整个城市都会响起钟声。我听到时间的频率与我看时间的频率相当,德国人认为守时具有极高的社会价值。

如果民族志里面包含了丰富的人物、地点和事件的细节,那么它就会变得生动起来。对于不同类型的写作存在不同的策略,民族志作者发展了他们自己的偏好和独特的深描。一些民族志作者突出人物的特征,而另一些人则专注于地点或者利用事件作为他们阐释见解的基础。细节推动了民族志中的社会分析,而我们现在就将转到如何将理论与深描相结合的问题上来。

第五章
整合你的理论

每一位民族志作者都必须考虑理论与材料之间的平衡。我们的田野和具体的案例研究使得我们的工作具有原创性,但如果它缺乏与更大的理论关注对话,就不能算是学术的。在写论文时,文献综述部分仍是必要的,但如果要把论文改成一本书,大多数编辑会要求删除这部分。如果你计划写一系列文章,你还需要将文献综述删减为更易于管理的版块,以保持与要求的字数一致。将你的参与观察所激发的理论见解编织到最终的文本中,分享你的原创观点,不要把读者淹没在关于其他学者、其他研究案例的海量信息中。

即使是最有经验的民族志作者,整合理论的任务也是困难的,不同的学者对它的重要性也持不同观点。一些民族志作者将理论放在首位，选择一个田野点来检验理论或者补充文献中的空白。一些民族志作者则认为理论是次要的，他们到田野里，让理论从由他们观察而产生的问题中自己浮现出来。另一部分民族志作者可能完全不用明确的理论。我早期的书和文章主要是对理论的关注，但是我最近的文章则更强调日常生活中的经验。理论探究是我所有研究的基础，但不知从何时开始，我厌倦了突出这些问题。

人类学家约翰·博恩曼是五本民族志专著的作者，其中包括前面提到的《叙利亚插曲》。在职业生涯中，他的学术风格也有所改变。他解释道：

> 理论总是决定我可能要写什么，因此预先选择了材料。但我坚持的民族志理论告诫我要对意外的遭遇持开放态度，尽可能多地体验，尽可能多地让自己服从于他人的欲望和愿望。但我会带着具有更大社会意义的问题去田野里。什么是神圣的？什么是政治的？在这个时间这个地点成为这种人意味着什么？

> 我在笔记本上尽可能多地记下来。我并没有将理论用于这些材料而是试图通过这些材料来重新完善，甚至反驳和替换我最初进入田野时所带着的问题。[1]

对博恩曼来说，理论决定了他带到田野里的问题，但他不允许理论渗透到他的田野笔记中。相反，他非常强调参与观察，利用自己的经验质疑或颠覆先入为主的理论框架。

艾米·波罗沃伊是一位人类学家，也是《太好的妻子：战后日本的酒精、相互依赖与养育政治》一书的作者，她在自己的著作中看到了材料与理论之间更加辩证的关系。她写道：

> 我倾向于材料更重要，但这是不对的，因为人们需要观点来解释和组织材料。然而，如果一个人仅仅在许多不同的领域背景下论证同样的观点（比如福柯关于生物政治的观点），那就不再有趣。（理论和材料）以一种动态的方式相互影响。一个人总是从理论阅

读、历史材料或者其他民族志中所提出的理论观点或问题开始,然后,他的民族志研究发现塑造了这些问题。[2]

与博恩曼一样,波罗沃伊也将理论作为指导最初田野调查指南的一部分。但再次强调,理论是一本成功的民族志的必要而非充分因素。田野里的材料引导着民族志文本的分析与书写,而且必须注意,不要复制已经在其他情境中进行过的研究,对已经确立的理论仅需提供一个新的材料点。

一些民族志作者更强调民族志材料作为人讲述的田野故事的价值。人类学家朱莉·赫曼特——《赋权俄罗斯女性》一书的作者——也认为理论决定了塑造她田野调查的问题。然而,在写作时,她更喜欢丰富的民族志细节。她写道:

> 我想说(理论和材料)同样重要,并且是相互贯通的。虽然我认为我是被我的民族志材料所引导的,但是理论才导致了我对它

们的搜集。在分析时，我不断地在它们之间来回切换。至于在纸上写了什么——作为一个读者和作者，我个人更偏好理论形塑下的丰富的民族志文本，所以我尽量避免充满理论的离题写作。没有什么比好的故事更能吸引读者了。[3]

一些社会学的同事也更倾向于强调他们的民族志材料。《后社会主义莫斯科的危机与日常》一书的作者，奥尔加·舍甫琴科解释道："我和喜爱下一个姑娘一样喜爱理论，但最终，对于我来说，理论的作用便是解释生活，所以我认为民族志细节才是第一位的。"[4] 当我问大卫·雷德蒙，《身体、珠子和垃圾》一书的作者，他是如何在理论与材料之间找到平衡的，他说他从编辑那里受到启发，编辑鼓励他"以电影的方式"来写书。雷德蒙也依赖友好的读者。他把自己的初稿发给了同事们，然后"相比于理论，每个人对经验材料的反馈都更多……"为了回应这种反馈，雷德蒙让故事主导叙述，只在每章的结尾处添加了简短的理论讨论。

写一篇可读性强的民族志的关键在于能够将必要的理论融入民族志文章、报告、论文或者书中,且不让读者感到冗余。新手民族志作者有时会把他们的民族志材料插进单独的章节或者文本间隙。例如,安妮·艾利森(Anne Allison)在1994年出版的《夜班:东京女招待俱乐部的性、快乐和企业男子气概》(*Nightwork: Sexuality, Pleasure, and Corporate Masculinity in a Tokyo Hostess Club*)一书中,前三分之一的篇幅都是对一家专为日本"上班族"服务的酒吧进行的深描。这个开头部分将读者吸引到日本,并给人一种发自内心的参与到了日本夜生活产业的感觉。书的第二部分是文献综述和一些历史背景。艾利森将她的理论和解释性分析放在了最后三分之一处。虽然这种结构也可,但这本书有时会给人一种奇怪的脱节感,就像她把三篇长文拼凑在一起一般。第一部分确立了她参与观察者的权威和作为作家的相当高的才华,但书的其余部分似乎就像是一篇毕业论文的摘录。

我在高级研讨班中已经教授《夜班》超过十

年了，在每次课上，我的本科生都会对这三部分之间的明显差异进行评论。艾利森确实是把她的毕业论文改成了《夜班》一书，正如我前面所说，论文是一种为了获得证书的练习，最好的毕业论文就是一份已经完成了的论文。就修改的论文而言，《夜班》擅长捕捉读者的想象力，并让材料主导理论，但是作为一本书，如果艾利森在深描中加入更多的历史和理论的话，它会更加连贯。

社会学家卡特亚·冈瑟 2010 年出版的书《确定她们的地位：东德社会主义之后的女权主义》(*Making Their Place: Feminism after Socialism in Eastern Germany*) 则提出了一种不同的模式。冈瑟在她的分析章节之间加入了民族志插曲。这些小插曲穿插在整本书中，将读者带回到德意志民主共和国的人民和地方那里。我在修改自己的毕业论文时使用了类似的方法。我的稿子讲述了一位年轻妇女的私人故事，在章节之间插入了一些关于她准备大学入学考试的小插曲。在结束语中，我将斯维特拉的故事与我的更大的论点联系在一起，在结尾处将叙述与理论分析结合在一起。民族志插曲在单独的理论/文献综述部分和将这部分材料完全融入你的民族志内容之间提供了一个中间地带。你可以将它们囊括进深描的段落，而又不必编辑成文本中更具有分析性的部分。如果你时间紧迫，那就写一些具体的场景，并把它们插入到你的章节之间，这样让书有更多的叙述性文字。

对于某些书而言，你可能会在一些完整的章节中加入民族志插曲和分析性章节。人类学家杰拉尔德·克里德（Gerald Creed）在他的《假面舞会和后社会主义》（*Masquerade and Postsocialism*）一书中以一个分析性的导言开篇，接着第二章便是纯描述性的。但是，该书的其余部分是展现一位成熟的人类学家如何将他的民族志材料编织进他的批判性分析的一个很好的例子。第三章是极具可读性的民族志部分，通过对乡村表演的描述来探索男子气概定义的变化，书中克里德在保加利亚木乃伊仪式的场景之间来回切换，对性别有着丰富的理论见解。

另一个将理论与材料结合的例子来自社会学家杰西卡·菲尔兹（Jessica Fields）。在 2008 年出版的《危险的教训：性教育和社会不平等》（*Risky*

Lessons: Sex Education and Social Inequality）一书中，菲尔兹用第一人称讲述了自己对理论如何影响材料的理解。菲尔兹在北卡罗来纳州的三所中学做调查，以探索不同的性教育项目是如何加剧性别、种族和阶级不平等的。她以自己对20世纪90年代末在北卡罗来纳大学参加的女权主义理论研讨班的经历作为第一章的开头。菲尔兹回忆说，她班上的一名女性在得知她八年级的儿子在学校的性教育课上学习了阴蒂和阴道高潮时感到非常惊讶。其他研究生，大部分是女性，也感到不安。另一名学生问他们觉得这个信息有什么危险之处，并想知道年轻人何时才适合学习女性的性愉悦，而不仅仅是学习如何避免怀孕和性传播疾病。通过对回忆的思考，菲尔兹写道：

> 本章的核心是性表达和性知识的乐趣与危险。在对性教育思考多年后，我发现自己对学生在中学性教育课堂上学习了阴蒂性高潮的最初反应有些尴尬。我意识到我们在研讨班上所表达的担忧带有异性恋规范性：我

们将男生与女生置于一种看似不可避免的对立关系中，我们没有考虑到女孩们也可以学习如何参与到自己和别人的阴蒂高潮中。我担心学习性快感会破坏八年级学生的纯真，这种担忧让我感到不耐烦，就仿佛年轻人并不总是或者还未置身于一个充满矛盾和令人困惑的性信息的性世界中似的。[5]

菲尔兹用这段话引出了关于女性性行为可能存在的危险以及教师在公立学校讨论性快感时所面临的困难的理论的长篇讨论。这些讨论源自她的田野观察和个人经历，而不是纯粹的学术问题研究。

也许整合你的理论最极端的形式是排除它。约翰·博恩曼的《叙利亚插曲》的另一个有趣之处是它拓展了民族志的形式边界。他将自己完全放入民族志中，且未纳入明确的理论讨论或者文献综述，并倾向于最后写一篇参考书目短文而不是在文内引用。在这本书中，博恩曼鼓励民族志作者回到田野里与异文化中真实的人进行面对面的接触,尽管这样做可能意味着要面对令人不安的权力失衡。博恩曼担心理论论证的要求会扼杀通过持续观察才可能带来的潜在洞见。他写道:

> 我开始认为,将所有的倾听、观看、观察、互动、比较和情景化都纳入历史叙事,这不仅损害了写作的质量,也损害了我们的解读能力。失去的是那些偶然的、附带的、偶尔发生的、无意中发现的、命中注定和无规律的事件和场景,那些并不总是紧密联系且难以轻易纳入时间发展或论证中的事件和场景。那些松散的片段也消失了,它们是与特定时间和地点联系在一起的个人经历,难以轻易融入整体。[6]

当然,有些人可能会说这些夸夸其谈的机会只存在于有终身职位的精英阶层。初级学者需要在他们的第一篇文章和第一本书中展示其理论知识。学术界有一种行会精神,新成员要通过向他们学术前辈的思想和出版物表达应有的敬意以获得准入资格。引用和文献综述为承认前人的贡献提供了平台,对于那些把文章发给需要同行评审的期刊却没有引用同行评议人研究的人员来讲,他们的做法是一种灾难。由于此过程是盲审,评审报告可能来自你所在领域的任何人。在这种情况下,引用哪怕与你自己的作品似乎毫不相干的著作也是合情合理的。

最近的一些研究揭示了资深专业人士是如何为了确保他们的被引用率而糊弄级别较低的同行的。在2008年为美国国家经济研究局撰写的一篇工作论文里,乔舒亚·艾泽曼(Joshua Aizenman)和肯尼斯·克莱策(Kenneth Kletzer)针对经济学界的学者与论文提出了他们所谓的"引用死亡税"(citation death tax)。作者选取了由16位知名经济学家所写的428篇论文作为样本,而这些人由于各种各样的原因都在退休之前就去世了。在这些样本中,大约有一半学者的著作在他们死后被引用的次数大幅下降。艾泽曼和克莱策认为,由于被引用率是衡量学术成果重要性的指标,大学也根据引用率来决定教师的工资增长,"作者有经济动机去提升他们作品的被引率"。[7]艾泽曼和克莱策声称,通过确认死后被引用率的下降可知,大约有一半的资深学者利用他们的影响力来确保同行引用自己的著作。

换句话说,冗长的文献综述和长篇大论的理论讨论为希望避免未被引用而招致愤怒的年轻学者提供了一条途径。一旦一位资深学者失去了影响其他科研人员职业生涯的能力,其引用率就会直线下跌。年轻学者不用再担心遗漏的后果。在民族志中,你的文献综述的长度和全面程度,以及你的理论分析的深度,可能会受到资深同行出于报复而拒绝一本书或一篇文稿的影响。作为一名写作者,你应该认识到自己的写作动机,让自己的判断基于理性。虽然一个严重的遗漏可能意味着稿件的毁灭,但是慷慨的匿名评审人可以建议"修改并重新提交",并为你的修订提供一个参考文献列表。

那么,如何决定作品中应包含多少理论分析,如何将它们整合到材料中使其看起来不仅仅是理论分析呢?不同的民族志作者会以不同的方式处

理他们的田野笔记。奥尔加·舍甫琴科挣扎着决定她的哪些田野笔记应该纳入作品:

> 我几乎从未提前知道哪部分田野笔记会进入文本,因为这需要时间以及大量的写作去弄清楚我到底想要论证什么!采访就不一样。一些措辞似乎从页面上跳出来,它们通常是那些以鲜活和复杂的方式捕捉的经验的表达。我也会注意到一些多次出现的短语或隐喻。当我听到第三个人将他们的日常生活比喻成生活在火山上时,我就知道这将成为书中的一个主要内容。但这也让我去思考这个比喻的意义是什么,这又将我带回到田野笔记。当我在文本中找不到一处可以容纳我从报道人那里听到的一个富有感染力的意象或措辞时,这会让我感到极大的折磨。[8]

奥尔加的处理过程映射了我最近的做法。我花了很多时间阅读田野笔记并在找到核心论点之前决定要将哪些材料包含进去,这个过程有时被称为"扎根理论"。该理论是一种将田野调查中涌现的理论洞见融入其中,而非让理论问题引导田野调查的方法论。与奥尔加一样,我也寻找一些能很好抓住报道人日常经历的引述或表达。朱莉·赫曼特也同样允许让田野调查的回忆来引导她的写作:

> 我的第一步是回忆一个丰富的事件。通常情况下,这是一种以我当时无法完全理解的方式展开的一次互动或一件事情——它吸引了我的注意力,让我流连忘返,也许是一些让我一直困惑的东西。然后,我回到我的田野笔记中寻找更多的细节(这些地方、事件、时刻通常是我一开始就写得很繁细的地方)。我最终创造的民族志作品就是这一切的混合体。我很少直接把我的田野笔记整合进去或者直接引用它们;相反,我在它们的基础上写作。[9]

如果你是那种以故事开头,并以写作获得理

论洞见的民族志作者,那就先写出你的深描,但是要注意,不要在书的结尾堆砌一大段理论分析,令读者不堪重负。一旦你完成了初稿,回到稿件本身,并在你的文章中贯穿你的理论论点,如果能巧妙插入,它们将不会影响叙述的流畅性,但会慢慢将读者引入到你最终的结论。

其他一些人类学家在他们开始写作之前就已经知道了他们的结论。我在写毕业论文时,从第一页开始,理论的介入便引导着我的写作。我从一开始就知道我想反对西方女权主义的一个共识,该共识声称东欧女性将会受到由东欧剧变和自由市场引入所带来的负面影响。如果你从一个清晰的论点开始,检查你的田野笔记,找出最能证明你的观点的民族志材料,然后,在文章或者著作的导论中陈述你的整体理论介入。简明扼要地说明,避免使用太多华丽的修辞和详尽的文献综述。当你书写田野调查中相关的例子时,偶尔停下来,折回到你的论点和理论框架,在民族志案例中插入一些理论背景——在文章中穿插这些理论,确保它们与你所选择的轶事相辅相成。

人类学家道格·罗杰斯（Doug Rogers）一定程度上同时使用了这两种策略：

> 无论写作目标是什么，我通常都会把二手文献与田野笔记和其他材料一起进行分类。所以，我可能会把我书架的某个区域标上"第二章"，或者将电脑上某个学术文章文件夹命名为"第二章"，另一个放田野笔记和其他材料（报纸、档案材料等）的文件夹也会标注上"第二章"。当写第二章时，我试着让所有这些东西都发挥作用。"理论"方面的东西会被分类，并且在我不断地书写和重新分类的过程中与田野笔记一起不断被分类和重新分类。对于最近的一本书，我采用了在墙上贴便利贴的方式，每张便利贴标明了章和节以及每章可能涉及的民族志或理论……这样我便可以轻易移动它们。我边写边不断在便利贴和其他标注着"第二章"的东西——笔记、文章、书等之间来回切换。[10]

你可以先写出材料数据再将它们插入到理论中，或者你可以以理论开始然后再插入你的材料，如果可能的话，你也可以尝试同时做这两件事。无论你用什么方法，避免在文章开头将单独的一节或一章专门用于文献回顾或理论分析。此外，要对自己诚实，减少任何仅为避免资深同事不快的无关的论述。如果这种不快是可以预见的，那就把这些讨论变成一个严肃的尾注。

当然，总会有这些指南没有考虑到的例外——有些期刊可能会要求有单独的文献综述，而有些可能偏向于发表有大量理论分析但只有少量民族志案例的文章。每种情况都是独特的，但总体来讲，可读性强的民族志会优先考虑有厚度的民族志细节而非冗长的理论分析，且将理论整合到文本叙述中。

第六章
加入对话

"我认为如果你把这些引语拆开写成对话形式的话,这一章的这部分会更有说服力。"教授说道。 [62]

学生怀抱双臂:"但大多数民族志使用的都是大段引用或者直接誊抄。我想要忠于最原初的对话。"

"写出好的对话会更可信,因为你能将语调和肢体语言的具体细节都写进去。"

"但我不知道该如何写对话。"学生皱起了眉头。

"选一些你最喜欢的民族志,看看你能否模仿它们的风格。试着让材料更生动一点。"

学生拿起那一章的草稿,眯着眼睛盯着页边

空白处的笔记。"好吧,我试试看。"

对话令文稿生动,它让你的报道人能直接与读者对话,但学科惯例约束了对它的使用。在《书写民族志田野笔记》一书中,爱默生、弗雷茨和肖解释说有三种方法可以将田野的声音包括进来:通过直接和间接引用,通过转述,以及通过释义。他们认为只有直接引用报道人的话才应该加引号,并因此以"真实"的对话形式呈现。任何超出"真实"对话的内容都必须转述或者释义。

但是,所谓的"真实性"取决于许多其他因素:你田野调查的性质、你是录音还是做笔记、你的报道人的母语。如果你给以英语为母语的报道人录音,那么你可以从你的转录文字中摘抄他们大段的对话。作为民族志作者,你需要将这些摘录放在合适的情境中加以整理。一旦情境化,这些摘录就成为你后续学术分析的原始数据。但要注意,不要用令读者厌烦的冗长的引用破坏叙述的流畅性。即使你对报道人的对话有完美的转录,也一定要在直接引用中加一些释义的内容。

在埃丝特·牛顿的经典著作《母亲营地》中，有整整一章都是对几位模仿和扮演女性的男演员的话语的直接引述，我的学生们总是抱怨阅读几十页单纯的独白令人感到十分乏味。逐字逐句的对话则可以巧妙地编排，以吸引读者的兴趣。

菲利普·布尔戈伊斯的作品《寻求尊严》为逐字逐句法提供了一个很好的例子。布尔戈伊斯在田野里使用了录音设备，并且大段引用了普里莫和塞萨尔（他的两个主要报道人）对话的段落，其中保留了他们讲话的节奏和韵律，以及俚语和惯用表达。作为"舞台指挥"的布尔戈伊斯使用括号插入语来补充非语言提示，这些提示读者无法单独从文本中获得。当人们［打断］、［忽视］、［大笑］，或者［高声调模仿发牢骚］，或者当有［枪声］或［更多的枪声］时，布尔戈伊斯都会告知我们。通过使用这些提示，布尔戈伊斯将转录文字变得栩栩如生，读起来引人入胜。

当你在处理一种不易被翻译成英语的外语时，逐字法就变得比较困难。当做田野笔记时，我会使用一种我称之为"保式英语"（Bunglish）的语言，这种语言是保加利亚语和英语的混合。我一边听别人讲话，一边做笔记，内容涉及讲话人的肢体语言、语调和眼神等等。在保加利亚，我不喜欢用录音设备。许多保加利亚人，特别是那些在过去体制下长大的人，会把录音机和狡诈的记者或便衣警察联系在一起。当我在一个简单的校园笔记本上手写笔记而没有用录音机时，人们感到非常放松。因为录音机录下的话以后可以回放，而且可能对他们不利。并且当我知道自己没有备份的时候，也会更详细地记笔记。如果我写下一段好的可供引用的文字或一件逸事，我会用保加利亚语复述一遍以确保我抓住了它们的正确含义。然后我的工作就是将之翻译成通俗的英语。

在保加利亚，我也为数不多地使用过几次录音设备（在被访者允许的情况下），我考虑先呈现原初的保加利亚语然后在括号中提供翻译，例如：

"Не съм християнин. Не съм мюсюлманин. Аз съм атеист." （我不是基督徒。我不是穆斯林。我是个无神论者。）

"Вие сте марксист." (你是马克思主义者。)

"Точен марксист. Моята философия е проста. Винаги десният крак напред, когато излизате от дома си. От дясната страна е живот и доброта, а от ляво е смъртта и всичко, което е лошо." (一个完全的马克思主义者。我的哲学很简单。出门的时候,我总是右脚先行。右边是生命和美好,左边则是死亡和所有的不幸。)

但是只有小部分读者能看懂西里尔文,重复引用同样的话会给文稿增加文字。当我遇到字数限制时,我会最先把保加利亚语的引用删掉。

为了接近这种纯粹主义的风格,有些用外语研究的人类学家会使用英文的整段引用,但也会将一些原始语言放在括号里并转写为拉丁字母。此类风格的例子可以在艾米·波罗沃伊《太好的妻子》和萨巴·马穆德(Saba Mahmood)的一本关于埃及女性的民族志《虔诚的政治:伊斯兰复兴和女权主义主体》(*Politics of Piety : The Islamic Revival and the Feminist Subject*)中找到。在这两个例子中,民族志作者混合使用了直接引语和对一些(但并非所有)句子旁出现的日语或阿拉伯语音译段落的引用。虽然这确实表明了引用的真实性,也证明了作者的外语水平,但括号里的引用对读者来说几乎没什么用,除非读者会讲日语或者阿拉伯语。如果作者期望读者会日语或阿拉伯语,那为什么要把外语引用音译成拉丁字母呢?这也证明了我们很难解释为什么只有某些引用才会在括号内标出外语原文,而有些则不会。这些标出来的引用或者短语是值得特别注意的吗?

在某些情况下,当一个单词或者短语有多种可能的翻译时,你可以使用括号插入外语。在我自己的写作中,我也会在保加利亚语的英文翻译之外括附从西里尔文音译为拉丁字母的保加利亚语原词。例如:

"一个完全的马克思主义者(tochen Marksist),"他接着说,"我的哲学很简单(Moyata

filosofiya e prosta)。出门的时候,我总是右脚先行。右边是生命和美好,左边则是死亡和所有的不幸。"

保加利亚语中的"tochen"可以表示"完全的""精确的"或者"准确的",我的报道人用这个词来强调他对他所认为的正统马克思主义的信奉。这一插入语说明了阐释上可能存在的矛盾。但是其他括号内的插入语只是直接的翻译。我在《东欧穆斯林的生活》(*Muslim Lives in Eastern Europe*)中包含了很多此类插入,普林斯顿大学出版社的编辑为此批评了我。她问我为什么要随意用保加利亚语单词来润色我的段落或引文。我记得我当时想:"这难道不是我应该做的吗?"我内化了一种学科惯例,在文章中加入了带括号的引语原文,因为其他人类学家也这么做。我甚喜欢它们的样式。但我什么都没告诉编辑。

相反,我解释说我想提醒读者我书中的对话是用保加利亚语进行的,括号里的内容提供了一种大多数英文阅读者从未听过的语言的味道。我坚持保留我的保加利亚语单词和短语，但不拒绝删掉完整的保加利亚语句子。编辑争辩说这些插入语对我论点的贡献有限，并且这些大部分读者都会跳过的文字还会打断我的叙述。最后她还是让步了，但我现在认为她是对的。括号内的外语确实会让非专业的读者感到困惑。

无论在呈现上多么追求纯粹，你在田野里的出现都会影响对话的产生和记录。作为一个民族志作者，你需要利用你的阐释技巧来呈现对话，这样才能最好地捕捉到对话的文化意义以及其与报道人的相关性。从一门外语翻译过来的东西永远不可能仅是字面意思，它们必须传输你所听到的谈话的语气和精神。即使用英语写作，大量逐字逐句的引用也会让你的读者感到厌烦，除非它们被分解并且恰当地置于上下文中。只要绝对忠实于这些对话的本质，你就能不违背伦理地使用文学形式呈现民族志对话。

人类学家保罗·斯托勒在对尼日尔桑海人的研究中书写了十分精彩的民族志对话。斯托勒喜欢这种文学方法，他将单词翻译成英语并且直接引用，里面没有任何累赘的括号插入。这是他1989年的著作《世界的交融》（Fusion of the Worlds）中的一个场景：

> 那个委托跳神的女人带着她即将结婚的儿子走近塞西和马哈曼·赛古神。他们坐在神灵脚下的沙地上，颂歌人将充当他们的中介。
>
> "我必须做些什么来保佑我儿子的婚姻？"女人问颂歌人。
>
> 颂歌人向塞西提出了同样的问题：
>
> "颂歌人，告诉那个女人，她必须买一只白鸡、一只红鸡、一只花鸡。她须将这些鸡宰杀后，把肉分给穷人。"塞西停顿了一下。"颂歌人，你明白了吗？你明白我的意思吗？"
>
> "是的，是的，我明白了，我的首领。"
>
> 塞西继续道："颂歌人，这个年轻人必须得到一只白母鸡的鸡蛋。他必须在曼格齐路十字路口的金合欢树下挖个洞——颂歌人，你听到我说的话了吗？"

"我听到了,首领。"

"颂歌人,"塞西又说,"如果他们按照我说的去做,他的婚姻定会幸福美满。幸福和美满。颂歌人,你听明白了吗?"

"是的,塞西。"颂歌人将以上指示重复给了这对母子。[1]

在这段对话中,斯托勒为我们了解灵媒和那些前来寻求建议的人之间的日常互动开了一扇窗。从斯托勒为此场景所设置的情境来看,读者知道这段话不是用英语讲的。他将田野中听到的对话翻译并直接引用,暂时将自己从场景中剥离,让读者有种身临其境之感,仿佛置身尼日尔并偶然听到这些对话。斯托勒本可以改写这段对话,只概述对话的内容,再解释其对他的论点的重要性。但是这段对话让原本可能只是另一段枯燥的解释性文本变得生动起来,增加了叙事的动感。

人类学家阿尔玛·戈特利布和菲利普·格雷厄姆(Philip Graham)合著的《平行世界:一位人类学家和一位作家邂逅非洲》(*Parallel Worlds: An*

Anthropologist and a Writer Encounter Africa），以及社会学家西莫斯·拉赫曼·可汗（Shamus Rahman Kahn）的《特权：圣保罗中学精英教育的幕后》（Privilege : The Making of an Adolescent Elite at St. Paul's School）等书中也有关于民族志对话的精彩案例。可汗在为这本书做研究时是哥伦比亚大学的助理教授。他毕业于圣保罗中学，后来以教师的身份返回母校并在学生中做参与观察。在下面这段简短的文字中，他用一小段对话来解释精英预科学校中普遍存在的极深的犬儒主义：

> 卡拉，一个榜样人物。她认真对待自己的工作并且密切关注新生的适应情况。"你考得怎么样？"她问莱西。
>
> "我不知道，我觉得我完全是在胡说八道。"
>
> 卡拉强调这并不是她所问的问题，又问道："嗯？所以你觉得你做得如何？"
>
> "我觉得还行吧，"莱西尴尬地回答，"但感觉怪怪的。"
>
> 卡拉安慰莱西，但以一种似乎直接违背

学校核心原则的方式,说道:"哦,这就是你在这里学会做的事:用胡说八道来敷衍了事。"[2]

在《身体与灵魂》一书中,罗艾克·华康德巧妙地融合了非裔美国报道人的本土语言。人类学家凯琳·纳拉扬在她的著作《活在写作中:与契诃夫一起精心制造民族志》中赞扬了民族志写作的叙述形式。这本书有一章关于"声音"的宝贵内容,每位有志成为民族志学者的人都应该阅读。

那么如何写出好的对话呢?首先,梳理你的田野笔记并找出你记录了完整对话的部分。或者,整理你的录音,找出可能创造出生动场景的长引述或讨论。一般来讲,对话段落应该为后续讨论提供基础,但你也可以用一些对话来设置场景或者让读者熟悉你的报道人。一旦你找到这些段落,就尽你所能忠实地还原对话原文。一些民族志作者会在前言或者导论中加入脚注、尾注或者一段话来解释他们文本中的对话是如何处理的——例如，是否只是在引用中转录了对话。在这些注释中，你也可以讨论翻译和音译方面的问题，以及是谁做的这些翻译。

如果你是用英语录音，誊写句子时要注意自然的停顿、笑声、声调的变化或中断。试着在对话背景中加入细节，包括肢体语言（如果你记得的话）。为使语言在上下文中有意义，你必须提供一个场景。如果你和你的报道人相处了很长一段时间，你应该记得他们的面部表情、手势以及他们声音的节奏和变化。把这些信息融入你的对话中。

你可以通过限定引用时使用的动词来为这些细节留出空间。大多数作者更喜欢用"说"这个词，而不喜欢"大声叫道"或"问"之类的动词，[69] 因为它们会使标点符号变得冗余。例如，如果句子末尾已经有了问号，那么便不需要使用"问"这个动词。

"你要我帮你买点什么吗？"我问道。

"我问道"已经通过句尾的问号暗示了句首征询意见的"do you"。比较这两个句子：

1. "你要我给你买点什么吗？"
2. "你想要我给你买点什么。"

第一句是问句，第二句是陈述句。我们从标点符号中知道这一点。"大声叫道"一词也是如此。

"我恨你！"她大声叫道。

"我恨你"这一陈述和感叹号告诉读者这是感叹句。这样写会好很多：

"你要我帮你从店里买点什么吗？"我说。
"我恨你！"她说。
她提高了嗓门，跺着脚。"我恨你！"

在对话中过度使用副词会导致书写变弱："她

骄傲地（proudly）说""他高兴地（cheerfully）说"或者"我不以为然地（disapprovingly）说"。许多用来描述特点的副词是一种讲述而不是呈现，作为一名民族志作者，你应该尽可能多地加入关于你的报道人的细节。"她骄傲地说"可以变成"她抬起下巴，说道……"；"他高兴地说"可以变成"他笑了，说道……"；"我不以为然地说"可以改为"我双臂交叉在胸前，摇了摇头，说道……"。

肢体语言和声音的变化使对话更真实，这也是为什么人类学家菲利普·布尔戈伊斯即使在逐字转录的情况下也觉得有必要在括号里加入细节。当你在处理自己的田野笔记或者录音材料时，一定要寻找那些能够体现报道人具体特征的部分，把他们描述为真实的人，而不仅仅是为你的后续分析提供数据的说话者。

对话还能让页面上有一定的留白。学术书籍经常包含大段的文字，而对话则能创造视觉上的变化。留白可以让眼睛得到休息，你可以让每个对话者开始一个新的段落（即使那个对话者没说话)。例如：

"我要去商店。"我把头伸到德斯拉瓦的房间里说道。

德斯拉瓦点点头。

"你想让我帮你买点什么吗？"

"不，谢谢。"德斯拉瓦说。

就像在现实生活中一样，肢体语言也可以作为对话的一种形式。德斯拉瓦点头表示她听到了我说的话。她什么也没说，但表达出了这个意思。

你也可以将肢体语言加入到对话中，比如：

"不，谢谢。"德斯拉瓦摇了摇头，"我现在什么都不需要。"

通过听对话并把它们写出来的方式练习写对话。尽可能多地使用"说"一词，用动作描述代替副词。有很多关于写作对话技巧的指南，但你也可以通过阅读使用对话的民族志并模仿它们的风格来学习。如果你把对话与民族志细节、第一人称和整合理论结合起来,那么在撰写能吸引学术同行之外的读者的民族志方面,你已经取得了很大进展。

第七章
插入图像

几乎每个人都知道这句俗语:"一图胜千言。"学者们一直将这句话的起源归功于美国广告人弗雷德里克·巴纳德(Frederick Barnard),他在 1921 年和 1927 年出版的《印刷油墨》(*Printer's Ink*)一书中发表了这句话的两种变体。《耶鲁名言录》(*The Yale Book of Quotations*)对这一看法提出了质疑,认为这句话的一个版本出现在 1914 年《纽约时报》的一则房地产广告中。这个观点的真正起源也许可以追溯到 1862 年出版的《父与子》(*Fathers and Sons*)一书。在该书中,伊凡·屠格涅夫写道:"这幅图让我一眼就看出超过一本书十页的内容。"无论这句话源自何处,它都因其真实性而获得了老生常谈的地位。

广告商和记者都知道图像的神奇力量，并且经常利用它。经济学家和自然科学家使用表格和图形来呈现他们的发现，而定量社会科学家使用表格来总结数据。民族志材料的质性特征很难转化为表格、图形或者图表，而且维护研究对象隐私的伦理考虑也不鼓励我们使用包含研究对象面部的照片。尽管存在这些挑战，但来自我们田野点的照片能够且应该可以补充我们的深描。

将照片纳入你的民族志工作有两种策略。第一种是图像民族志：一种依赖图片和文字来证实自己观点或者让读者了解一个特定社区的学术性研究。在人类学中，优秀的案例有菲利普·布尔戈伊斯的《正义的瘾君子》（*Righteous Dopefiend*）、若昂·比尔（João Biehl）的《维塔》（*Vita*）和《求生意志》（*Will to Live*）、露丝·贝哈的《一个叫"家"的岛屿》。这三位作者都与摄影师合作，在他们的书页里插入了田野里男性和女性的黑白照片。社会学也充斥着图像民族志的例子。米切尔·杜艾伊尔（Mitchell Duneier）的《人行道》（*Sidewalk*）里包含了奥维·卡特（Ovie Carter）的专业摄影作品。奥维·卡特是《芝加哥论坛报》的摄影师,曾获普利策奖。《人行道》审视了格林尼治村无家可归者的生活,这些毫无修饰的照片捕捉了20世纪90年代纽约街头非裔美国人的日常生活。关于杂志摊贩的那一章展示了人们叫卖废弃杂志的令人难忘的画面。这些照片与文字相得益彰,让那些被许多城市居民忽视的人变得有血有肉。

道格拉斯·哈珀(Douglas Harper)扮演着社会学家和摄影家的角色。他的第一本书《好伙伴》(*Good Company*)源于他在完成博士论文期间对全国各无家可归者(他称之为"流浪汉")的追踪调查。该书为摄影作品如何补充定性研究提供了另一个案例。哈珀的第二本书《工作知识》(*Working Knowledge*)利用照片来说明工作的实际体验,特别是"万事通"匠人威利做的手工技术活儿。特写镜头捕捉了失传的修理技术,我们看到手工捶打、焊接、组合各种金属零件、拧紧老虎钳、钻孔、锉削以及操作其他电动工具的动作。有一组庆祝修复变速箱的照片十分引人注目。还有一组照片,共9张,展示了威利手工"拆卸环形齿轮""放置垫圈"和

"进入变速器内部"。[1]

华康德的《身体与灵魂》一书以一种非传统的方式融入了作者的照片。选取的照片是用柯达胶卷的原始边缘来框定的——带白色矩形胶卷孔的黑色边缘。每张照片旁边的底片边缘都印有照片编号,还有如"柯达5009"或者"柯达影印"等字样。胶片的特性提醒读者有一个人,一位社会学家,在拍摄这些照片。这些照片不仅仅是图像,还是个人在田野中的快照日记。

我们大多数人都缺乏专业的摄影技巧,无法用高质量的照片填充我们的书,而且也没有专业的摄影师愿意将他们的照片捐赠给我们的学术项目,因为他们从这里只能获得很少回报,甚至没有报酬。版权法和严格的照片许可制度使得借用他人的图片用于书籍或文章变得非常昂贵,而从科比斯(Corbis)或盖蒂图片社(Getty Images)等公司获取图片的高成本更加剧了这种情况。另一方面,在"知识共享"许可证的形式下,越来越多的照片可以免费获得。优质数码相机和智能手机价格的下降意味着即使是业余爱好者在田野里也能捕捉到高质量的图像。你也可以随时考虑放入报道人的个人相册（只要他们允许）。

我的四本书收录的图片越来越多——从最初的 10 张照片到最近的 57 张照片。在《红色里维埃拉》中，我使用了由一台有自动对焦功能的轻型相机所拍摄的照片以及我从索菲亚街头小贩那里购买的共产党执政时期的明信片。我在市场上冲洗了照片并寄给杜克大学出版社以制作黑白半色调图像。学术出版社要求你获得所有照片的使用权。从这段最初的经历中，我了解到，如果想在书中使用图片，我应该学习一些摄影技巧。

当我开始为自己的第二个项目做田野调查时，我花 400 美元购买了一台带有小变焦镜头的不错的数码相机。它是一台带有防抖功能的早期松下相机。这款相机足够小，可以放在夹克口袋里。它所拍摄的照片具有足够高的分辨率，能满足大多数出版社的要求（300dpi）。在那一年的田野调查中，我用那台小相机拍了数千张照片。关于照片的法律制度各国不同，但总体上来讲，在公共场所拍摄的任何主体的照片其所有权都属于摄影师（就像拍摄处在私人场所的人物的照片，只要摄影师站在公共场所，其所有权也属于摄影师——这是一个被各国狗仔队通过变焦镜头大肆利用的漏洞）。摄影师享受着令人难以置信的版权保护，几乎有权发表他所拍摄的任何照片。对于特写镜头、艺术品或建筑物，以及敏感活动或军事设施的照片，在按快门前一定要征得同意（并且在发表前确定你不需要特殊许可）。

从这些成千上万的图片中，我面临着到底要把哪些照片放进书里的痛苦抉择。普林斯顿大学出版社允许我放 25 张图片，所以我必须选择最能支持我的分析性论点的照片。在《东欧穆斯林的生活》一书中，我想要说明保加利亚传统伊斯兰着装和新的"正统"伊斯兰服饰之间的差别，以及该地区清真寺建筑的新变化。我用文字解释了这些事情，但照片的加入让我向读者展示了穿着不同风格衣服的妇女形象，以及并排的新旧清真寺的图片。我还将共产党执政时期的马丹的历史照片与我自己在 2005 年拍摄的被摧毁的马丹的照片放在一起。

清真寺 1——1989 年东欧剧变后罗多彼山小村
新建的清真寺（作者拍摄）

清真寺2——同一地区的保加利亚传统
清真寺（作者拍摄）

这些照片补充了我关于东欧剧变后这座城市去工业化的故事。

一张好照片可以支撑你书里的内容，它有助于讲述你的故事。社会学家卡琳·莱西在《非凡的黑人》一书里收录了马里兰州黑人中产阶级豪华的郊区住宅的照片——两个车库和精心设计的景观都让这些住宅与白人中产阶级的住宅如出一辙。即使是最简单的快照也能丰富民族志的叙述，我鼓励所有的民族志作者在去田野前都买一台像样的相机（或者有摄像头的智能手机）。大多数电脑和移动设备都预装了基本的照片编辑软件，网上也有免费的安装包。有了这些技术，你可以放大、拉直、锐化或以其他方式优化你的图像（尽管一些大学出版社更喜欢收到未经编辑的原始照片和操作说明）。

在《迷失在转型中》（*Lost in Transition*）里，我也把自己的照片和保加利亚朋友以及同事的家庭相册中的照片组合在了一起。由于这本书讨论了东欧剧变前后的日常生活，因此搜集普通人的照片是很自然的选择。我想捕捉 1989 年以前的生活状态，于是挑选了一些家人们在海边、朋友们在一起、情侣们散步以及孩子们在节日贺卡前微笑的照片。因为不能拿走原件，所以我用一个便携式平板扫描仪把照片扫描成高分辨率的 tiff 文件。这些文件每一个都要占很大的空间，所以我旅行时总会带上移动硬盘，以免笔记本电脑过载。今天，只要采取合理的数据安全防范措施并确保文件有密码保护，云计算会让数字存储变得更加容易。

每次我都借用出版社的文书样板，给每张照片的主人写了一封简短的征求许可的信：

亲爱的 X：

作为即将出版、书名暂定为《迷失在转型中：东欧后共产主义日常生活的民族志》(*Lost in Transition: Ethnographies of Everyday Life after Communism*) 一书的作者，在学术出版商杜克大学出版社的建议和支持下，我负责声明和支付与您相关的权利与许可方面的费用。我计划在本书中使用以下属于您的照片：

1. 照片 1

2. 照片2
3. 照片3

为了让学者们更方便地使用相关内容，我请求拥有本书所用材料和其他对本书相关内容摘录的独家出版权，无论这些材料被何种媒体、语言、在什么地区进行传播和展示。

我将根据学术规范注明这些材料的来源。如果您需要某种特定的致谢方式，请告知。如果您同意以上条款，请在下面横线上签字。

谨启
克里斯汀

当我向出版社提交作品时，我也会将这些签过名的副本一并提交。它们足以证明书中的照片可以被重复使用。

在《迷失在转型中》里，我加入了一些自己的个人照片，这并不是一个轻率的决定。起初，我犹豫是否要添加自己年轻时的照片，但随着书的进展，第一人称"我"在叙事中变得更突出，我相信读者可能会想知道我是谁（或者至少我长什么样）。如果让我重新来过，我会限制自己只使用一到两张关键照片，因为放太多照片会让人觉得有点自恋，而且会把读者的注意力吸引到民族志作者而非民族志研究上。即使你的叙述是合理的，也要尽量减少个人照片。作者页的照片就已足够，除非你是在写回忆录。例如，露丝·贝哈在她最近的著作《到得了远方，回不去故乡》(*Traveling Heavy*) 一书中用她童年时期的照片来补充文本，这些画面巧妙地捕捉了她年轻时失去的古巴。

在最近的稿子《历史的左侧》(*The Left Side of History*) 中，我发现自己置身于历史叙事的陌生领域和档案图像的混乱世界中。我从一些老年报道人或其亲戚那获得了复制他们私人收藏的照片的许可。我的主要报道人，埃琳娜·拉加迪诺娃 (Elena Lagadinova)，收藏了大量她人生中各个时期的照片，并且毫无保留地与我分享。她的照片构成了这本书的大部分历史照片，为第二次世界大战及其在保加利亚的后果提供了绝佳的印证。

1994年埃琳娜与保加利亚游击队（经埃琳娜·拉加迪诺娃允许使用）

但事实证明，有一些照片则很难被纳入其中。我想在其中一章添加一张爱丽丝·默多克（Iris Murdoch）年轻时的照片，她是弗兰克·汤普森在牛津时的爱慕对象，也是1938年说服弗兰克加入英国共产党的人。我搜索了维基共享和其他各种免费照片的网站以求找到一张爱丽丝·默多克的公开照片。最终，只有盖蒂图片社有一张青年默多克在1939年拍的完美照片，我联系了他们，想搞清楚在一本学术书籍里使用这张照片需要多少钱。杜克大学出版社和他们达成了某种协议。

当浏览盖蒂图片社的网站时，我惊讶于我能买到的各种图片集。价格取决于我的书的印刷数量，图片是用于书内还是封面，以及其他各种看似与学术头衔无关的因素。最后，我终于联系上他们的一位代表，他说如果我想知道图片价格必须在网站上注册一个账户。我照做后，请求在一本面向国际发行的英文书籍内永久使用该图片，但不超过我的有生之年，其印刷量不超过5000册，包括电子书。代表告诉我这张照片的相关版权费是364美元，这笔钱将由我承担。如果爱丽丝·默多克是我书中的核心人物的话，我可能会支付这笔费用，但我最终决定放弃。大多数学术书籍的销量都不足以覆盖这些花销。

然而，还有另一张历史图片，我认为有必要纳入。读者需要了解的是在第二次世界大战期间，弗兰克·汤普森和保加利亚游击队员除了反对本国政府还曾与纳粹作战。我不能指望一个外行读者知道保加利亚是轴心国之一，这种联系支撑了本书更大的论点。我四处寻找希特勒和保加利亚国王沙皇鲍里斯三世的照片，但盖蒂和科比斯图片社对

"元首"照片的收费十分昂贵。最终,我在美国大屠杀纪念馆的网站上找到了一张完美的照片,一张阿道夫·希特勒在柏林欢迎鲍里斯三世的照片,这是我的论点的重要视觉组成部分。

保加利亚加入轴心国后,阿道夫·希特勒在柏林欢迎保加利亚国王鲍里斯三世(照片由美国大屠杀纪念馆提供)

这张照片是公开的,我只需要向美国大屠杀纪念馆支付20美元,他们就会通过电子邮箱给我发送一张高清照片。他们只要求我指出是他们提供的照片即可。现在许多照片都是公开的,但作者有责任向出版社证明这一点。如果你搞砸了，大多数大学出版社的合同都规定作者要为任何侵权事宜负责。在鲍里斯三世与希特勒这张照片的例子里，美国大屠杀纪念馆说该照片是公开的，所以我只需要把相关的 URL 转发给出版社即可。近年来，大英图书馆向公众公布了数以百万计的照片，它为其他博物馆和图书馆树立了榜样，也使得未来的民族志作者更容易为他们的作品找到合适的照片。

如果可以的话，一定要附上地图，特别是当你书写一个鲜为人知的国家或地区时。你可以雇一个专业制图师来为你绘制地图，但是现在像"电子地图网"（D-Maps.com）这样的网站可以很容易下载模板来自己编辑。可能还有其他的视觉图像，如表格或示意图，来帮助读者理解你书中的信息。在大多数情况下，你可以在家设计这些图表然后将它们发给出版社进行最后的处理。我会招募学生或家里的年轻成员来帮助我驾驭新的平面设计程序。

如果你想在文本里插入地图、图表或照片，

在协商出版合同或期刊文章字数限制时要确保提出了这方面的要求。威廉姆·杰曼诺（William Germano）在他的《出版》（*Getting It Published*）一书中建议在最初的申请中指出图片的数量。图片会占用空间，图片越多，你最后的文本可能就越短。这值得权衡。另外，大多数民族志书籍或期刊负担不起彩色图片的印刷。在很少情况下，作者可能会争取到彩图展示空间，但必须有一个为什么这样做的清晰且令人信服的理由。在大多数情况下，你必须确保图片在黑白的情况下也能传达出其含义，并希望可以将一些彩色照片放在书籍的相关网站上。

第八章
减少科学主义

许多社会科学家都对自然科学有羡慕之情,并试图让他们自己的文章看起来更"科学化"。一般来讲,社会科学家研究人类行为,而自然科学家则研究不受个人观念或欲望影响的现象。在所有知识生产的领域中,不同学科惯例支配着写作的语言和风格,但也有一些源于自然科学的惯例被运用到社会科学中。其中两个便是对技术性术语和作者-日期引用格式(author-date citation)的大量使用。

删除术语

自然科学家在观察自然界时会使用一套专业

术语，这使得许多科学文章对于非专业人士来说都难以理解。我们很难掌握量子力学的语言，因为量子力学本身就很难被掌握。语言的复杂性往往反映出研究领域的复杂性和专业性。不幸的是，有太多学者认为其他更容易理解的研究领域，如人类学、社会学或政治学，它们中那些本可以用简单英语来表达的概念需要用技术性的术语来描述。

一个很好的例子来自《社会学的想象力》(*The Sociological Imagination*)，C.赖特·米尔斯在该书第二章中花了整整一章的篇幅来揭露他所在的学科中"宏大理论"的伪装。米尔斯剖析了塔尔科特·帕森斯影响深远的著作《社会系统》(*The Social System*)，将这位杰出社会学家晦涩难懂的文字翻译成了通俗易懂的英语。米尔斯以几个尖锐的问题开始了他的颠覆性工作：

> 宏大理论仅仅是一种令人困惑的措辞吗？或者说，它确实包含了一些有意义的内容？我认为答案是：一些有意义的内容确实存在

并深藏其中,但仍混有一些其他的东西。所以问题就变成了:把妨碍理解意义的东西都从宏大理论中移除后,那些能被理解的东西终于可以被识得,那么,另外一些说的又是些什么呢?[1]

米尔斯从帕森斯的作品中选取了几段充满术语的段落,并将它们翻译成几个简单的陈述句。在展示了他的解读后,米尔斯声明道:"在将《社会系统》的内容翻译成英语时,我并未假装我的翻译很出色,但我保证在翻译过程中不丢失任何明确的意义。这样做——我断言——包含了其中所有可以被理解的内容。"[2]

在研究生院的第一节课上,教授让我们读了《社会学的想象力》第二章中的一段节选。当读到米尔斯翻译的帕森斯的段落时,我还记得自己当时难以置信。为什么有人故意用这种晦涩的方式写作?研究生院的新生们都感到十分困惑。诺格拉教授(Professor Noguera)当时预测,到今年年底,我们中的许多人都会像帕森斯那样写作。虽

第八章　减少科学主义

然当时没人信他,但六个月后,当发现自己在写"教育主体间性的话语构建"时,我知道他说对了。

太多的研究生和助理教授在重复(reproduce)学科术语,因为他们认为这让他们听起来很聪明。霍华德·贝克尔(Howard Becker)在其颇有帮助的著作《为社会科学家写作》(*Writing for Social Scientists*)中,多年来一直猛烈抨击晦涩难懂的文章,但收效甚微。许多社会科学家相信大词意味着大智慧。民族志作者也不例外。最近出版的书籍和文章充斥着巧妙的新词与时下流行的时髦术语。正如律师通过创造法律术语来确保自己的必要性,学者们通过将自己原创思想的贫乏隐藏在学术体的迷雾中来延续他们的职业生涯。术语有时具有一定的作用,而专业词汇则是学术交流的重要手段。复杂的概念需要特殊的术语,民族志作者需要在民间范畴和有助于解释这些范畴的理论抽象之间保持分析上的区别。此外,术语具有识别学术传统的历史:使用"生物政治"(biopolitics)你就会引用福柯;使用"场域"(habitus),你就会追随布迪厄；使用"表演"(performativity)，你就会引用巴特勒。当学者们决定为普通概念创造新的术语时，或者当他们改变词义或拆解它们以揭示语言的无意义时，问题就出现了。

这种倾向首先在后现代主义中兴起。任何在20世纪90年代读过研究生的人都会记得"我(I/eye)/眼睛"，括号的随意使用——(dis) ease, (dis) location, 或者 dis (color) -action——以及名词上无处不在的引号，因为一棵"树"并非一棵真正的树，而只是"树"的代称。民族志作者喜欢将他们遇到的每一种话语或叙述"问题化"或者"历史化"。当后现代文化研究杂志《社会文本》(*Social Text*) 在1996年发表了物理学家艾伦·索卡尔(Alan Sokal)的一篇胡扯的文章后，后现代话语成了许多学术幽默和重大学术丑闻的对象。[3] 现在仍存在着一个后现代主义生成器，[4] 它的每次加载都会随机生成一篇后现代主义的文章。它们的标题像这样：《新辩证法理论：次唯物主义文本理论和次解构文本理论》，以及《共识的辩证法：后结构辩证理论、虚无主义和福柯主义权力关系》。芝加哥大学的写作程序运营了一个让你"写出自己的学术句子"的随机生成器,[5] 人们可以从四个下拉菜单中选择单词或短语来填充句子。这个网站创造出一些真正的亮点,例如:"实践的认识论为语言透明度的历史化提供了一个临时的镜头"和"后资本主义霸权的逻辑再现了镜面经济的权威性"。

公平来讲,一些学者认为复杂的语言能让我们摆脱懒惰思维。民族志作者需要将自己与包含在日常词汇含义中的日常假设拉开距离。以不同的方式看待世界需要努力,而特定的写作形式会迫使我们的大脑对抗我们对自以为已经知道的事情的自满情绪。一些老练的社会理论家用复杂迂回的句子来证明他们关于语言如何构建理解的理论观点。非正统的语法可以打破先入为主的观念,并为更深刻的分析提供机会,但作者经常使用充满学术术语的写作将琐碎的见解提升到"高级理论"的地位。

几十年来,学者们一直怀疑他们的同行在蒙蔽他们。在《风格:清晰与优雅的十堂课》(*Style: Ten Lessons in Clarity and Grace*,1981 年首次出

版)一书中,约瑟夫·威廉姆斯(Joseph Williams)告诉我们:

> 一些作者选择复杂的语言不仅是为了充实自己的思想,也是为了掩饰自己的不足,希望复杂性能给那些将困难和实质混为一谈的人留下深刻印象。当我们不知道自己在说什么,也不想让别人知道我们不知道的时候,我们通常会抛出满屏夹在又长又复杂的句子中的大词。[6]

弗朗西斯·凯林斯(Francis J. Kerins)在1961年发表了一篇关于如何通过造假在学术圈获得成功的精彩文章[《学术骗子:给年轻大学教授的建议》(The Academic Con-Men: Advice to Young College Professors)],他在文中断言:

> 最基本的原则就是要隐晦——有意识地、自觉地、不断地含糊其辞。能够区分晦涩和深奥的人数令人惊讶,但幸运的是,对于你

的目的来说,这个数值很小。你应该形成自己的术语,你可以自己造词或者用普通的词来表达全新的、不明确的意思。[7]

虽然凯林斯写的是一篇讽刺文章,但他文章的幽默之处在于它的先见之明。甚至早在20世纪60年代初,在苏联发射人造卫星后,大学资金充裕,凯林斯就可以拿象牙塔里的学术骗子开玩笑,他们躲在故意书写的晦涩文章背后。

这种现象不仅存在于美国。丹尼尔·丹尼特(Daniel Dennett)在2006年出版的《打破魔咒》(*Breaking the Spell*)一书中讲述了哲学家约翰·塞尔(John Searle)和米歇尔·福柯(后现代主义奠基人)之间的一段对话:

> 约翰·塞尔曾告诉我他与已故的米歇尔·福柯之间的一次对话:"米歇尔,你在对话中的表达如此清晰,为什么你的作品这么晦涩难懂?"对此,福柯回答道:"那是因为,为了让法国哲学家认真对待,你所写的东西

中必须有 25% 的文字是不可理解的废话。"为了向福柯的坦率致敬，我为这种策略创造了一个新词：eumerdification*。[8]

丹尼特的术语"eumerdification"大致可以翻译为"胡扯化"(shittifying)，意即在学术写作中插入大约 25% 的废话以让其更学术化的行为。有那么多受人尊敬的作家和学者嘲笑这种趋势，但为什么晦涩的语言仍存在呢？因为它有效。

模糊处理的倾向几乎渗透到所有的社会科学领域，这些领域的从业者担心他们来之不易的研究成果要么微不足道，要么是错误的。我曾参加过一个跨学科研究小组，该小组审核了一名人类学研究生深奥的项目申请。有几位小组成员在读了两遍申请后仍然难以理解该项目，他们认为这

---

* 此处丹尼特运用相似手法新造了一个看上去很学术的词"eumerdification"。该词的词根"merde"是法语"屎"的意思，前缀"eu"是希腊语"好"或"真实"的意思，后缀"fication"则起源于拉丁语，意为"……化"或"使成为……"。所以 eumerdification 是一个既坏又好的词，坏在它的晦涩和模糊化，好在它的模糊化让读者觉得它很学术化。感谢我的朋友 Chris Hoogendyk 和他的妻子 Margaret Halbeisen 对我在理解该词上的帮助。——译者注

第八章 减少科学主义

是理论上的复杂性所造成的。根据 C. 赖特·米尔斯的方法,第三名小组成员将申请书翻译成了通俗易懂的英语。一旦去掉冗长的内容,该申请书便暴露出了其固有弱点,评审小组据此对其进行了相应的排名。如果那位小组成员不在场,这项申请可能会超越那些更值得资助的项目申请而得到资助。那天,我明白了,只有专业人士能理解的复杂语言会吓跑其他读者。没有人想成为一个不理解某项申请或者某篇文章的人,也没有学者会冒险说出皇帝没有穿衣服。

因此,只有四个理由让你用高度理论化和反启蒙主义的语言书写你的民族志:

1. 你正在写你的毕业论文,你的导师和其他答辩委员希望你这样做。

2. 你的书或者文章的目标读者是那些了解并理解你的专业术语的学术同行。

3. 你发现了一个深刻的社会真理,并真诚地试图动摇读者对隐含在普通语言中的意义的理解。

4. 你是为了给你直接学科分支领域以外的陌生人留下深刻印象而写作，让他们知道你掌握了专业术语，能够通过对语言的策略性操作产生深刻和原创性的见解。

自信和虚张声势往往能让你在学术界走得更远。当年轻的学者们故意用晦涩难懂的语言来掩盖他们乏味的思想时，他们的动机更多的是自我保护而不是欺骗。学术是一件艰难的事，我们应该同情他们。然而，如果你对你的发现的原创性有信心，并且确信你所搜集的证据证实了它们，那么你就没有理由将你的研究结果或见解隐藏或埋没在生僻的术语中。力求清晰简洁，即使这听起来不够"科学"。

考虑尾注

大多数学生和学者在学习了引用的学科规范后就再也没思考过它们。但是，在不同学科之间和学科内部，引用实践的差别很大，一旦你的毕业论文通过，你便可以更灵活地选择引文的风格。当然，学术期刊有它们自己的文章风格。2009年美国人类学协会（AAA）所有期刊的编纂指南指出："所有参考文献必须以作者-日期的形式引用；所有作者-日期的引用都必须列出参考文献。"[9] 该指南指出了引用不同媒介的方法。同样，美国社会学协会（ASA）也出售了一份风格手册用以教授有志成为社会学家的人士如何结合参考文献列表使用作者-日期引用格式。美国社会学协会指南阐明了如何在电子邮件、网站、小册子和其他各种各样的材料中使用作者-日期的引用格式。政治学、经济学、文化地理学和心理学也要求在文本中使用作者-日期的引用方式。

这些惯例从何而来？文内作者-日期引用的标准源于一种叫作"哈佛体"的东西，这种风格起源于动物学领域。1881年，动物学家爱德华·劳伦斯·马克（Edward Laurens Mark）发表了一篇关于花园蛞蝓的重要论文，其中第一次运用了文内插入作者-日期的引用格式（马克1881）。这个方法从动物学扩展到了其他自然科学，其中作者的姓名和出版日期包含了两个最重要的信息。在马克发明作者-日期的引用法之前,脚注随机地散布在文本中,并用星号和其他印刷符号进行标注。作者-日期方法简化了引文,有利于简洁和清晰。随着社会和行为领域的从业者越来越渴望被视为"科学家",他们也采用了作者-日期系统。对于不流露情感的人类学家、社会学家、政治学家、经济学家和心理学家来说,脚注和尾注似乎太过于人文主义。插入式引用在社会科学出版物中激增,确保了这些著作看起来更像生物学而不是历史或文学。

尽管期刊格式指南和论文规范规定了使用作者-日期引用格式,然而民族志作者应该考虑在任何可能的情况下都使用尾注。阿尔弗雷德·克罗伯(Alfred Kroeber)曾经说过:"人类学是最人文的科学,也是最科学的人文。"而这种定性研究的方法使得民族志的书写在人文-自然科学的光谱上更加接近人文学科。尾注比作者-日期引用更少地分散读者的注意力,因为作者-日期引用格式不断地提醒读者,这篇文章或这本书是一份学术作品,不适合大众阅读。文内引用以两种方式打断读者的注意力：一是视觉上破坏了文本的流畅性；二是当读者试图思考文本含义，甚至并不关心"卡莱尔"是谁时，会让读者疑惑"引用中提到的卡莱尔是谁？"。

作者-日期引用格式也不适用于有多个版本的作品［例如：马克思（1848）1974］，或者在同一年发表了多篇文章或出版了多本书的高产作者［例如：斯拉沃热·齐泽克（Slavoj Žižek）2009a、2009b、2009c、2009d］。在引用非学术参考资料，如法律文件、网站、报纸文章、博客帖子、推特、小册子、手册或者其他很难甚至根本不可能确定作者或日期来源的资料时，作者-日期引用格式也被证明是不好处理的。最令人沮丧的例子是，当我试图引用《经济学人》（*The Economist*）杂志上的文章时，没有任何一篇文章有署名。如果你必须使用作者-日期格式，请确保将它们放在句子或者段落的末尾而不是正中。虽然我遵循杂志的文章格式要求，但我在书中总是使用尾注。我在写毕业论文时被要求必须使用作者-日期引用格式，在与杜克大学出版社的第一位编辑谈过后,我在将论文修改成专著时改成了尾注。在引文管理软件出现之前,将作者-日期引用修改为尾注是一个烦闷的过程,但今天我只需按下一个按钮。尾注适用于对你所在领域学术辩论知之甚少的非专业人士和本科生读者。

当写这一章时,我从书架上拿了几本书来研究作者的作者-日期和尾注格式的分布。大卫·瓦伦丁的《想象跨性别者》、凯瑟琳·弗德里(Katherine Verdery)的《消失的土地》(*The Vanishing Hectare*)、艾米·波罗沃伊的《太好的妻子》、卡拉·弗里曼(Carla Freeman)的《高科技和高跟鞋》(*High Tech and High Heels*),以及汤姆·毕昂斯托夫的《第二人生的到来》(*Coming of Age in Second Life*)使用的都是作者-日期引用格式。另一方面,露丝·贝哈的《被转述的女性》使用的是尾注,保罗·斯托勒的《具身的殖民记忆:西非的灵魂占有、权力和浩卡》(*Embodying Colonial Memories : Spirit Possession , Power , and the Hauka in West Africa*)以及迈克尔·赫茨菲尔德的《从永恒中被驱逐:现代罗马的重建》（*Evicted From Eternity: The Restructuring of Modern Rome*）和《身体失当：全球价值等级中的工匠和技巧》（*The Body Impolitic: Artisans and Artifice in the Global Hierarchy of Value*）也使用了尾注。在《身体与灵魂》中，社会学家华康德使用了脚注，安妮·艾利森的《夜班》和埃丝特·牛顿的《母亲营地》也使用了脚注。不同的出版社出版了这些书籍，即使同一出版社出版的书籍，引文格式也不尽相同。

我的简单调查显示，至少对于书籍来说，作者可以选择自己喜欢的引用格式。如果你有能力做出选择，不要仅仅因为你认为这样做会使你的工作看起来更科学而盲目地遵循学科惯例。引用是为了你能够向那些影响了你的作品的思想致敬，并认可那些在你之前进行过研究的学术前辈。它们也在文本中阐述了观点，并为读者指出进一步的相关阅读文献。包含必要的信息比引用格式更重要。

第九章
简化你的文章

小威廉·斯特伦克(William Strunk, Jr.)和 E. B. 怀特(E. B. White)在他们的经典著作《文体要素》(*The Elements of Style*)中告诫我们:"省略不必要的单词。"没有比这更简洁、更有价值的建议了,特别是对那些容易言辞冗长的学者来说。我们现在不再讨论专业术语,而是冗余词汇的泛滥。斯特伦克和怀特建议:

> 有力的写作是简明的。一句话不应该包含不必要的词,一段话不应该包含不必要的句子,就像一幅画不应该包含不必要的线条,一台机器不应该包含不必要的零件一样。这并不是要求作者把所有的句子都写得简短,

也不是要求他避免所有的细节而只以提纲的形式来描述他的主题,而是要求每个词都能说明问题。[1]

同样,乔治·奥威尔(George Orwell)在他1946年的著名文章《政治与英语语言》(Politics and the English Language)中为作家们提供了一系列实用的规则。像斯特伦克和怀特一样,奥威尔认为我们的书面语需要从冗余的言辞中解放出来。奥威尔的规则包括:

> 能用短词的地方就不要用长词。
> 如果能删掉一个词,就一定要删除它。
> 能用主动语态的地方就不要用被动语态。
> 如果你能想到日常英语中的对等词,就不要使用外语短语、科学词汇或行话术语。[2]

威廉·津瑟也认为我们的语言被冗长的文字所拖累:"杂乱无章是美国人写作的通病。我们的社会充斥着不必要的词语、循环的结构、浮夸的装饰和无意义的术语。"[3]

可惜的是,许多学者认为大词比小词好,长句比短句好,冗长的段落比简洁的好。比较下面两个句子:

1. 由于大多数罗马尼亚人认为他们的政治领导普遍腐败,所以罗马尼亚人整体倾向于不信任他们的政治家。

(Due to the fact that most Romanians believe that their political leaders are generally corrupt, Romanians as a whole tend to distrust their politicians.)

2. 罗马尼亚人不信任他们的政治家,认为他们腐败。

(Romanians distrust their politicians, believing they are corrupt.)

这两个句子表达的意思完全一样,但第二个句子只用了8个英文单词,而第一个句子则用了24个。在大多数情况下,没有经验的学者会写第一句话,因为他们没有回过头去打磨他们的作品。

但在社会科学领域,有一种呈增长趋势的情

况，作者会插入填充句来满足"可发表最小单位"（LPU）[4]的字数。LPU 也被称为 SPU［最小可发表单位（smallest publishable unit）］或 MPU［最低限度可发表单位（minimum publishable unit）］，是指学者在一篇文章中可放入的最少的，但同时可被该领域同行评审的期刊所接受的信息量（这是另一项来自自然科学并传入社会科学的发明）。学者们将他们的研究切分为尽可能小的可发表单位，以增加他们简历上列出的发表总数。我的一位学政治学的朋友透露，她从不在一篇文章里放入一个以上的原创观点；如果她发现自己正在写的一篇文章里对学科文献有两个重要贡献，她就会把研究分为两部分，写成两篇较短而不是一篇较长的文章。LPU 广泛存在于社会学、经济学和心理学。虽然我理解 LPU 的合理性，但它助长了糟糕的写作。多余的文字成了即将出版的宝贵想法的气泡纸。

民族志作者面临着相反的问题。即使在撰写 LPU 时，我们也会遇到严格的字数上限。用民族志数据来论证观点需要一定的篇幅，你可以通过精炼语言来缩短一篇长文。想象一下,如果你能把每段中的一个句子从24个英文单词缩短为8个,而不丢失其原意,情况会是怎样?但你必须确保任何意义都不能丢失。斯特伦克和怀特告诉我们"省略不必要的词语"而不仅仅是"省略词语"。在民族志里,词汇可能非常"必要"。在很多情况下,删减一个词(副词或者形容词)需要插入整个句子来替代。如果这给你的文本带来了深度和细节,那便是一个很好的权衡,即使它增加了字数。为了吸引读者,你必须将信息用简洁明了的文字表达出来,它富有启迪但不令人感到累赘。本章剩余部分将重点讨论其中几个要诀和技巧以帮助你识别写作中不必要的单词。

用一美元而不是十美元词语*

威廉·福克纳(William Faulkner)曾批评欧内斯特·海明威简单和直接的风格,他说海明威从

---

* "十美元词语"是美国习语,指用一个长的且生僻的词代替一个更简短的词,以给人留下高深的印象。——译者注

不使用"可能会让读者查字典"的单词。海明威回答道:"可怜的福克纳。他真的认为强烈的情感源自华丽的辞藻吗?他以为我不知道那些十美元的词语。我很了解它们。但还有更古老、更简单和更好的词语,而这些才是我使用的词汇。"[5]

"冗长的""唠叨的""多言的""言辞浮夸的"和"喋喋不休的"都是"啰唆的"一词的同义词,但如果你的意思是"啰唆的",为什么你不直接使用"啰唆的"一词?大多数学者认为"言辞浮夸的"比"啰唆的"更能体现智慧。但丹尼尔·奥本海默(Daniel Oppenheimer)2006年的一项研究表明,当斯坦福大学的学生阅读没必要那么复杂的文章时,他们对作者智力的评价会降低。[6]这些学生检阅了各种各样的书面文本,包括个人陈述、社会学的论文摘要和哲学论文。奥本海默发现,清晰和简洁与对作者智力的评价呈正相关。在各种情况下,学生们认为使用简单词语的作者更聪明。

需要注意的是,奥本海默测试的是学生(而不是学术同行),他测试的是不必要的复杂词语。

他写道：

> 有很多时候，一个较长的单词是合适的，因为它更准确或精练。这些研究主要调查了在写作中使用不必要的复杂词语的情况。当一个长单词在某个场景实际上是最合适的时候，那么使用它可能会带来积极的评价。这些研究确实不能排除在某些情况下审慎地使用同义词会提高写作质量的可能性。[7]

因此，你必须能在自己的文章里区分不必要的和"必要的"十美元词语。仔细阅读你的文章，圈出所有你找到的十美元词语。如果你能想出一个更简单的词来代替某个复杂词语，那么只要没有丢失原意或只有细微差别，你就可以替换掉它。如果你使用了一个十美元词语，因为它能准确描述，那么留下它。如果你发现自己使用了很多十美元词语，重读你的段落，看看是否能使用一些更浅显的一美元词语重写。清晰度需要一美元词语，但简洁性也需要一些十美元的词汇。找到一个平衡点。

避免常见的填充语

学者们喜欢用"due to the fact that"(由于……的事实)或"in order to"(为了)这样的短语,我在这方面犯了很多错。我会情不自禁地写下这些填充语,我的大脑自动产出了它们。在初稿中,我会允许它们被写下来,但我总是回过头去把它们删掉。注意这些句子之间的区别:

1. 由于感到孤独,米兰达和吉姆一起回家了。

(Due to the fact that she was lonely, Miranda went home with Jim.)

2. 因为米兰达很孤独,所以她和吉姆一起回家了。

(Since Miranda was lonely, she went home with Jim.)

1. 怀着提高她的知名度的目的,卡洛琳

假装喜欢流行音乐。

(With the hope of increasing her popularity, Caroline pretended to enjoy pop music.)

2. 为了提高她的知名度,卡洛琳假装喜欢流行音乐。

(To increase her popularity, Caroline pretended to enjoy pop music.)

在《风格》一书中,约瑟夫·威廉姆斯列举了一系列可以被一个单词替代的常用短语。例如:"……的理由是"(the reason for)、"因为……的原因"(for the reason that)、"鉴于这些事实"(in light of these facts)和"考虑到这些事实"(considering these facts)等短语都可以用"因为"(because)或"由于"(since)来代替。"尽管……的事实存在"(Despite the fact that)或者(我最喜欢的)"尽管事实如此"(In spite of the fact that)都可以被一个简单的"虽然"(although)代替。"如果"(if)这个词语能够替代"在……的情况下"(under circumstances in which)或者"在这种情况下"(in a situation in which)。"重要的是"(It is important that)、

"关键的是"(it is essential that)或者"至关重要的是"(it is crucial that)是代表"必须"(must)或者"应该"(should)的短语。用"如何"(how)代替"……的方式"(the ways in which)。同样地,我们再来看看下面两个句子:

1. 要读者注意贿赂和政治赠礼之间的重要差别很重要。

(It is essential that the reader take note of the important difference between bribes and political gifting.)

2. 读者应该注意贿赂和政治赠礼之间的重要区别。

(The reader should note the important difference between bribes and political gifting.)

在修改过程中,找到这些填充语并删除它们。它们没有给你的文章增加清晰度,反而使文章更杂乱。

避免被动语态

比较以下句子:

1. 这篇论文由研究生打分。
2. 研究生给这篇论文打分。

1. 这项图书奖被一名委内瑞拉的人类学家所获得。
2. 一位委内瑞拉的人类学家获得了这项图书奖。

好的写作专家都对被动语态深恶痛绝(如果微软 Word 文档中弯弯曲曲的绿线还不足以说明问题的话)。除了某些适当的情况外,被动语态会让读者感到厌烦。使用被动语态还会增加额外的单词量,可以通过将句子改写为主动语态来将其删掉。更重要的是,被动语态可以作为无根据的概论的工具。例如,我可以写:

1. 保加利亚的农民在历史上被边缘化。
2. 欧洲的吉普赛人被歧视。

虽然这些句子在语法上是正确的,但需要进一步的解释才能让人明白,否则它们只是单纯的断言。以上两种情况,都没有确认行动者。我们不知道是谁边缘化了农民或者歧视了吉普赛人。在乔治·奥威尔1946年的文章中,他指出政客们会使用被动语态来规避自己的行为责任。几十年来,华盛顿的政客们经常使用和滥用的一个经典例子是"错误已被铸成"这句话,其中最有名的便是罗纳德·里根在1987年伊朗门事件中的使用。事实证明,说"错误已被铸成"比说"我犯了错"容易得多。奥威尔认为,英语的复兴是实现真正民主政治复兴的第一步。

在学术界,被动语态可以用来掩盖粗劣的研究或不愿意说出特定行为主体的情况(也许因为这可能会被认为是政治不正确的)。以下是用主动语态来表达上面的两个句子:

1. 历史上奥斯曼苏丹和希腊东正教神职人员边缘化了保加利亚农民。
2. 东欧人和西欧人都歧视吉普赛人。

在第一句话的第一个版本中,读者并不知道是谁把保加利亚农民边缘化了。我们只知道是保加利亚资产阶级。主动语态迫使作者告诉读者谁是压迫者,在这种情况下,压迫者不是其他的保加利亚人,这是希腊或土耳其历史学家可能想要掩盖的事实。同样地,在第二句话的第二个版本中,指明行动者的名字使得作者的注意力从被歧视的受害者转移到歧视肇事者身上,这本身就是一种政治行为。

女权主义者长期以来一直批判报纸对强奸案的报道方式:"15 岁女孩在学校操场上被强奸"或者"女服务员在某停车场被强奸"。被动语态的使用把所有的注意力都集中在受害者身上,而非罪犯。"不明身份的男性在学校操场强奸青少年"或者"警察搜寻在停车场强奸了女服务员的男子"等主动结构(即使嫌疑人的细节未知)将读者的注意力从被害者转移到行动者身上,微妙的修辞差异会影响读者对新闻的理解及反应。

在大学环境中,人们会听到这样的话:"助理教授被剥夺了终身教职"或"教师手册被修改以延长学年"。这些被动结构也同样遮蔽了行为主体:"她在英语系的同事投票反对助理教授成为终身教授"或"行政部门修改了教师手册以延长学年"。避免使用被动语态可能会导致在句子中添加动作执行者而增加词汇量。但如果额外的词语能阐明你的意思,那就不是滥用。

尽管如此,我可能也有理由在一些特殊的句子中使用被动语态。如果你想把焦点放在动词的宾语上,那么就使用被动语态。当写"巴拉克·奥巴马当选总统"时,我强调的是谁当选了而不是谁参与了选举,在此例中,是美国公民。"梅丽尔·斯特里普被授予奥斯卡奖"把焦点放在了女演员而非颁发奥斯卡奖的匿名人员上。当然,你可以写:"巴拉克·奥巴马赢得了总统选举"或者"梅丽尔·斯特里普赢得了奥斯卡奖",这两个句子都是主动语态。但你可能想要改变句子的风格和节奏。有时被动语态可以让你把更重要的信息放在句尾,从而实现更流畅的叙述。我将在下一章讨论这些组合性问题。目前,如果消除被动语态能帮你省略不必要的词汇,请特别注意被动语态。

避免过多地重复论点

新手民族志作者经常在文章、毕业论文或者书中多次重复他们的主要论点。一般而言,在论文引言中列出你的主要观点并在结论中重申它即可,但有些民族志作者喜欢在每一件逸事或每一篇田野笔记后都提醒一次读者他们的主要观点。过犹不及。让你的证据在文章写作过程中逐渐建立起来,然后将它们集中并在结尾处有力地表述出来。对于以专著结题的项目,你可能会在每章的开头和结尾为读者点明要点:"在本章中,我将要展示……"或"在本章中,我已经展示了……"虽然一些细微的提示确实有用,但这种写毕业论文的习惯可能会被过度使用。不要低估读者的智力。

  再次重申，找到一个平衡点。你需要在确保不让读者觉得你不相信他们能自己看到论点和论据之间的联系的前提下，让他们能跟随着你的论点。留意那些你用不同词语重复了同一件事情的地方。记录你陈述论点的频率，并且考虑这个数字与你的稿件最终长度之间的关系。如果每 20 页就要不止一次地重复你的论点，你可能需要在写作中少一些讲述而多一些展示性的内容。

第十章
掌握良好的语法和句法

2011年秋天,我加入了我的第一个非学术性写作小组。我们有四位组员:一位诗人、一位记者、一位小说家和我。我们在各自的项目上埋头苦干,每个月见一次面分享工作的最新进展并相互阅读几页对方的文字。我请小说家莎拉·布朗斯坦(Sarah Braunstein)帮忙,阅读了一遍我的《历史的左侧》的书稿。虽然她很喜欢学习巴尔干地区二战的历史,但她告诉我,我使用了"弱动词"。

"我使用了什么?"我说。

"弱动词。"

我的心一沉。我已经出版了三本书。可我怎么现在才知道这点?

"为什么我的动词是弱的呢?"我说,"我不知道动词还可以是弱的。"

莎拉接着向我传授了创意写作课中老师用来激发文章活力而使用的各种技巧和窍门。

购买一本经典的写作风格指南。我在本书后面的建议阅读部分列出了一份清单,但我最喜欢的是斯特伦克和怀特的《文体要素》、威廉·津瑟的《写作法宝》和约瑟夫·威廉姆斯的《风格:朝向清晰和优雅》(*Style: Toward Clarity and Grace*)。因为我父母的第一语言都不是英语(我母亲说西班牙语,我父亲说波斯语),所以我以前不是凭直觉来学习语法规则的。虽然我在美国出生和长大,并且我们在家都讲英语,但在某个时刻,我意识到,我们的共同语言是蹩脚的英语,我正在形成的词汇中充满了西式英语和隐蔽的波斯语。我自己动手,狼吞虎咽地读着那些风格指南,就像一只饥饿的巴吉特猎犬吞食着无人看管的肉丸一般。要写可读的民族志,需要掌握英语语法、了解什么是好的句子结构。这短短的一章并不能涵盖所有优秀的风格指南,但我会提供多年来收集到的最重要的建议。当然,这要从弱动词和强动词的区别开始。

使用强动词

弱动词包括任何形式的"to be"或"to have"——is, are, was, were, will be, has, had, have had 和 will have 等。

许多学术论文在弱动词的重压下步履蹒跚。在莎拉的评论前,我从未注意到我写作中出现的大量弱动词。我不知道动词还可以分强弱,我也不明白为什么更好的动词有利于更好的写作。莎拉告诉我,在她的课上,她建议学生拿一篇作文并圈出第一页上所有的动词。大多数学生都惊讶于他们文章中出现的弱动词的数量。

(Much academic prose staggers under the weight of weak verbs. Before Sarah's remark, I never noticed the proliferation of weak verbs in my writing. I possessed no idea that verbs could be weak or strong, and I failed to comprehend why better verbs made for better writing. Sarah told me that in her classes, she advises her students to take a piece of their writing and circle all of the verbs on the first page. Most students marvel at the number of weak verbs that populate their texts.)

在我的努力下,我写出了上面四句带有强动词的句子。现在我要给你们看一下我最初(用弱动词)写的这些句子:

许多学术论文被弱动词的重压压倒。在莎拉的评论之前,我从未注意到我写作中有多少弱动词。确实,我并不知道动词可以是弱的或者强的,我很难懂得为什么更好的动词有助于更好的写作。莎拉告诉我,在她的课堂上,她建议学生拿出一篇作文并且圈出第一页所有的动词。大多数学生都被他们文章中出现的弱动词所震惊。

(Much academic prose *is* weighed down with the weight of weak verbs. Before Sarah's remark, I *had* never noticed how many weak verbs there *were* in my writing. Indeed, I *had* no idea that verbs could *be* weak or strong, and it *was* hard for me to understand why better verbs made for better writing. Sarah told me that in her writing classes, she advises her students to take a piece of their writing and circle all of the verbs on the first page. Most students *are* amazed at the number of weak verbs that populate their texts.)

在莎拉的建议下,我圈出了所有的弱动词。我把"is weighed down"改成了"staggers under the weight of"。"I *had* never noticed how many weak verbs there *were* in my writing"变成了"I never noticed the proliferation of weak verbs in my writing"。在最后一句话中,"most students are amazed at"变成了"most students marvel at"。

使用强动词可以让你省略更多的单词,给你的文章带来活力和多样性。如果你用谷歌搜索"强动词",互联网会提供详细的单词列表,你可以用这些单词来代替常见的如"to be""to have""to take"或"to go"这样的动词。如今,我把一些好的动词都记录在电脑上。每当我发现自己陷入"to be"这样的变体时,我就会查看这个列表。在阅读时,我注意到大多数记者和小说家都会尽量使用强动词,而学者则依赖于弱动词。作为练习,读一篇报纸上的文章,圈出所有的动词。然后拿起一篇学术论文,做同样的事。区别就会变得很明显。

被动语态的使用也会增加弱动词的使用数量。比较下面几对句子:

1. 这个数据是被科学家们重新检查旧数据而得来的。

(The figure *is* derived by scientists re-examining old data.)

2. 科学家们通过重新检查旧数据来计算这个数字。

(Scientists *calculate* the figure by re-examining old data.)

1. 学生根据课堂参与度而被评分。

(Students *are* graded on their in-class participation.)

2. 教授根据学生课堂参与度评分。

(The professor *evaluates* students on their in-class participation.)

1. 学术协调员被新的注册程序弄困惑了。

(The academic coordinator *was* confused by the new registration procedures.)

2. 新的注册程序让学术协调员感到困惑。

(The new registration procedures *baffled* the academic coordinator.)

在以上三对例句中，比较有趣的动词"calculate""evaluate"和"baffle"替代了被动语态中的组合动词"is""are"和"was"。圈出动词的练习会让你发现一些你以前没有注意到的被动语态的例子。

学术作者也会过度使用现在进行时和过去进行时。我总会掉入这个陷阱（例如：I *am falling* in this trap all of the time）。在每日的自由写作中，我会将自己的想法都写在纸上，但对拼写、语法或句法都不在乎。每当阅读它们时，我对以-ing结尾单词的泛滥感到难为情。过度使用过去完成时（I had worked，I had traveled 或 I had prepared）是另一个常见的陷阱。写成"I worked""I traveled"和"I prepared"会更好。当然，有时你需要用过去进行时或过去完成时来捕捉一系列的时间，或者改变段落中的句法。太多简单的过去或现在时会显得无聊，所以优秀的作者知道什么时候使用被动语态或者用另一种时态来体现变化。只要不过度使用其中任何一种形式就行。

看看我最近的一项基金申请书的段落：

> 我申请的这个项目将考察一个国家社会主义妇女组织的内部运作方式，以及它持续存在的培训和动员发展中国家妇女的努力……在过去的四年里，我一直在研究妇女国际民主联合会的档案，该联合会协调所有国家社会主义妇女组织的工作，并在1945年至1990年间与保加利亚妇女密切合作。我还一直在做有关保加利亚妇女运动委员会的档

案的研究。

(The project that I *am proposing* examines the inner workings of one state socialist women's organization and its ongoing attempts to train and mobilize women from the developing world... In the last four years, I *have been doing research* in the archives of the Women's International Democratic Federation, which coordinated the efforts of all state socialist women's organizations and worked closely with Bulgarian women between 1945 and 1990. I *have also been working* in the archives of the Committee of the Movement of Bulgarian Women.)

我不仅过度使用以-ing结尾的单词，还倾向于使用现在完成时，这会增加不必要的单词。接受莎拉的建议后，我在编辑文本时会圈出带-ing的动词。我可以用一般过去时或现在时重新组织句子，使其更紧凑。下面是我对这段话的改写：

我的项目考察了一个国家社会主义妇女组织的内部运作，以及它正在进行的对第三世界妇女的培训与动员的努力……在过去四年里,我对国际民主妇女联合会的档案进行了研究,该联合会协调了所有国家社会主义妇女组织的工作,并在1945年至1990年间与保加利亚妇女合作。我还对保加利亚妇女运动委员会的档案做了研究。

(My *project* examines the inner workings of one state socialist women's organization and its ongoing attempts to train and mobilize women from the developing world...For the last four years, I *conducted research* in the archives of the Women's International Democratic Federation, which coordinated the efforts of all state socialist women's organizations and collaborated with Bulgarian women between 1945 and 1990. I *also worked* in the archives of the Committee of the Movement of Bulgarian Women.)

注意"我申请的这个项目将考察"(the project that I am proposing examines)如何变成了"我的项目考察了"(my project examines),以及"我一直在研究"(I have been doing research)如何变为"我进行

了研究"(I conducted research)。我删掉了不必要的词并用强动词代替了弱动词。我也砍掉了现在进行时和过去进行时的使用。这些改动看似微小,但它们对作品产生了很大的影响。学会识别写作怪癖会改善你的文章。弱动词和这些动词的弱变化会导致低水平写作。花点时间思考你的选词,让你的文章生动起来。

保持主语和谓语动词在一起

将句子的主语和谓语动词尽可能放在一起。这可能听起来很简单,但你不知道学术写作者有多么经常违反这条规则。注意下面这个句子:

> 一项证明了在学术写作中使用不必要的大词会让你听起来不够聪明的研究结果将于今天公布。
>
> (The results of a study proving that using needlessly big words in academic writing makes you sound less intelligent will be published

today.)

在这句话中，有14个单词将主语"study"和被动语态下的弱动词"will be published"分开。民族志写作中绕弯儿的句子让人窒息，但它们仍像9月份的推荐信请求一样激增。我可以把主语和谓语放在句首以摒弃被动语态，通过一种更好用的方式重写这个笨拙的例子：

> 今天，研究人员将公布一项研究的结果，它证明在学术写作中使用不必要的大词会让你听起来不够聪明。

(Today, researchers will publish the results of a study proving that using needlessly big words in academic writing makes you sound less intelligent.)

无论何时，当你在重读一个句子时，回头检查主语和谓语之间的距离。通常，作者会在主语和谓语之间插入解释性的细节，认为读者在知道一个动作是什么之前需要知道这个动作的"原因"。

比较下面两个句子:

1. 这位思乡的、觉得自己从田野调查里不会获得新东西的民族志作者比原计划提前了两个月回到伦敦。

(The ethnographer who was homesick and decided that she was not learning anything new from her fieldwork returned to London two months earlier than planned.)

2. 这位民族志作者比原计划提前了两个月回到伦敦,因为她想家了且认为田野调查不会教给她任何新东西了。

(The ethnographer returned to London two months earlier than planned because she felt homesick and believed her fieldwork had nothing new to teach her.)

在第一句话中,一个解释主语动机的 15 个单词的从句将主语"民族志作者"(ethnographer)和动词"回到"(returned)分开。这种表述使读者感到困惑,因为他还不知道这个从句修饰的谓语是什么。第二句将主语和谓语放在句首,并且用了一个从属连词"因为"(because)来解释动作。通过这种方式,读者首先知道了"是什么"(what)然后才知道"为什么"(why),句子结构以我们谈话的方式自然地流出。但也许你想要强调"为什么",突出对后续行动的解释。你仍旧可以通过把主语和谓语放在一起来完成:

> 想家并同时认为自己不能从田野调查里获得新东西了,这位民族志作者比原计划提前两个月回到了伦敦。
>
> (Homesick and believing that she was not learning anything new from her fieldwork, the ethnographer returned to London two months earlier than planned.)

如果你想改变句法,那么改变从句的位置可以提供一个很好的切换技巧,只要确保主语和谓语保持邻近即可。

改变句子长度

威廉·津瑟在他的《写作法宝》一书中解释道:"对于句号,除了大多数作者没有足够快地到达那儿以外,没什么可多说的。"民族志作者喜欢长句子。大量的信息都可以压缩进一个句子,特别是当我们试图将那些有趣的民族志细节与复杂的理论分析交织在一起时。长句必然是复杂的复合句,太多长句会使得写作混乱。短句往往是简单句,一些作者担心较简单的句子只能表达简单的思想。但复杂的思想最好用简单的结构来表达。将简单的信息(如对你方法论的描写)留给复杂句。然后学会将两者结合起来。简单句让你的写作清晰,但是太多短句也会像太多长句那样枯燥。加里·普罗沃斯特(Gary Provost)在他的《提高写作的100种方法》(*100 Ways to Improve Your Writing*)一书里提供了这个精彩的例子:

此句含五字。五字又从之。五字句虽好。

复用变单调。且听何事生。文章近无聊。其音律低沉。似卡带唱片。双耳喜变化。且听。吾易句长短,以制音律。音律。书且吟。其节奏愉悦,轻快、和谐。吾用短句。吾亦使用中长句。当吾确信读者间或休憩时,吾便予其一长句,一燃烧能量,由渐强高音的全部动力、鼓鸣、铜钹碰撞声组合而成之句,其曰听之,此为要。[1]

(This sentence has five words. Here are five more words. Five-word sentences are fine. But several together become monotonous. Listen to what is happening. The writing is getting boring. The sound of it drones. It's like a stuck record. The ear demands some variety. Now listen. I vary the sentence length, and I create music. Music. The writing sings. It has a pleasant rhythm, a lilt, a harmony. I use short sentences. And I use sentences of medium length. And sometimes, when I am certain the reader is rested, I will engage him with a sentence of considerable length, a sentence that burns with energy and builds with all the impetus of a crescendo, the roll of the drums, the crash of the cymbals-sounds that say listen to this, it is important.)

当你回头修改时,随机选择几个段落并检查句子长度,数字数。它们都一样长吗?如果是,看看你能否将一些较长的句子分成两三个部分。如果你喜欢写一系列短的、不连贯的句子,用一些连词把它们串联在一起。变化是生活和句子写作的调味剂。

限制副词和形容词

小说家和记者都讨厌副词。形容词也未得到更多尊重。对于文人来说,过度使用副词和形容词是业余作家和职业作家之间的分水岭。恐怖小说家斯蒂芬·金(Stephen King)甚至宣称"去往地狱之路是由副词铺就"。正如我在关于民族志细节的章节中所讨论的,副词和形容词可能标志着懒惰的写作。用包含了副词意思的动词来替换"教授迅速地走进她的办公室"里的副词,例如:"教授赶到她的办公室"或"教授冲进她的办公室"。

检查下面两个列表：

轻轻地抚摸	爱抚
居高临下地建议	发表武断意见
安静地考虑	深思
沉重地呼吸	喘气

在每个例子中，右边的动词可以替代左边的副词-动词的组合。当副词重复动词中已经包含的意思时，会出现更糟糕的用法，例如：

1. 深情地拥抱
2. 愉快地微笑
3. 伤心地哭泣

拥抱多源于爱，微笑多源于开心，眼泪多源于悲伤。在这些例子中，副词对动词的意义没有任何补充。使用副词的最佳时机（也有人认为是唯一的时机）是当它们用一种反常的或意想不到

的方式来修饰动词时:

1. 僵硬地拥抱
2. 痛苦地微笑
3. 快乐地哭泣

如果你的民族志写作有足够的空间,请更详细地描述你报道人的行为。例如:

1. 她用她的胳膊搂住他的双肩,但确保自己的胸部不碰到他。
2. 他的脸因痛苦而抽搐,但他收缩脸颊的肌肉,装出一副微笑的样子。
3. 眼泪从她的颧骨上滑落下来,她向天空举起双臂,唱出了她的感激。

可惜的是,我们经常没有足够的空间来描述每一个细节,而一个精心挑选的副词可以更精练地传达我们的本意。删掉多余词语的建议有时与禁止使用副词的指令相矛盾,所以每个作者必须自行决定何时何地使用这些以-ly结尾的词。

专家们贬低形容词的程度不及副词,因为形容词修饰的是名词而不是动词。写作老师们仍抱怨说,形容词为那些不愿或不能指明其名词独特特征的作者提供了捷径。如果我说"这个学生写了一篇完美的论文",那完美的标准对我就模棱两可。我可以指这篇文章完美无瑕,或者完全符合我的预期,但读者并不知道是哪层意思。一个形容词含糊不清的经典例子是"我的新车"。这里可以指我买的全新的车或对我来说是新车的二手车。

对民族志作者来说,形容词在深描中扮演着重要的角色,我们在完成写作时必须谨慎选择。当我回头阅读我的田野笔记时,我对那些模糊的形容词的泛滥感到羞愧,但我知道这些只是日后唤起我记忆的辅助手段。但当我开始写民族志材料时,我会花很长时间仔细考虑形容词选择。我会在关键段落中圈出副词和形容词,并尽我所能使它们尽可能精确。好的形容词描述那些不能通过动作描述的事物:青灰色的衣服,松弛的下颚,或者修剪整齐的草坪。弱形容词过于笼统,或者它们所描述的那些角色特性更适合通过行动来描述。

事实是，形容词和副词偶尔还是有用的。它们丰富了我的句子表达，让我在处理其他重要事务时能言简意赅。我理解人们对它们存在偏见的原因，但我对那些依据算法标注每个副词并要求删除的软件程序感到不满。在最后这句话中，副词"依据算法地"（algorithmically）就是我书中的一个不错的副词，因为它修饰了"标注"（flags），而"标注"通常是由人类执行的动作。"依据算法地"也是一个精确的副词，对于标记是如何完成的几乎没有留下任何歧义——自动地，不考虑每个个例的情况。我知道写作导师们对此有不同意见，斯蒂芬·金也认为我在走向地狱，但我反抗地接受。

旧信息在新信息前
（或重新审视被动语态）

在构建段落时，把你的句子想象成连在一起

的链条。一种惯例是将旧信息放在句子开头,将新信息放在句子结尾。通过把旧信息放在开头,你可以在引入新观点之前提醒读者已经知道了哪些内容。有时,这种策略需要使用被动语态;清晰和连贯是使用它的理由。请看下面两个例子:

1. 每天上午,助理教授都有三小时的晨间研究和写作时间。系主任坚持要求助理教授利用这些时间。主任认为,助理教授需要避免服务和教学等方面的要求。

(Each day, the assistant professor enjoys three morning hours for research and writing. The department chair insists that the assistant professor take this time. The chair believes that assistant professors require protection from the demands of service and teaching.)

2. 每周,助理教授都有三小时的晨间研究和写作时间。这些研究和写作时间是在系主任的坚持下才被批准的。主任认为,助理教授需要避免服务和教学等方面的要求。

(Each week, the assistant professor enjoys three

morning hours for research and writing. This research and writing time is granted at the insistence of the department chair. The chair believes that assistant professors require protection from the demands of service and teaching.）

第二段中包含了一个被动语态的句子,但它比第一段流畅得多。虽然第一段包含了三个主动句,但是第二段采用了新旧信息应连接句子的观点。在第二段中,"系主任坚持给助理教授这些时间"变成了"这些研究和写作时间是在系主任的坚持下才被批准的"。"研究和写作时间"与前一句末尾连接,"系主任"与接下来的句子开头连接,形成了流畅的过渡。在修改过程中,特别是在分析性章节中,考虑一下如何策略性地使用被动语态才可能使你的思路更加流畅。对大多数民族志而言,过度使用被动语态都是一场浩劫,但对其选择性地使用会让有些段落受益。

这五个写作技巧能够大大提升你的民族志写作质量。只要记住先写出来,再修改。永远不要让语法和句法规则阻碍你快速完成初稿。

第十一章

修改！

我要以忏悔开始这一章。我的初稿很糟糕。我写不出字来。我乱用副词和被动语态,我讲述而非展示,我写了又长又复杂的句子,用30个单词组成的从句把主语和谓语隔开,我从未遇到一个不让我迷恋的十美元单词。我过度使用弱动词和过去进行时。我滥用分号。我的初稿充斥着这样的垃圾,以至于在校订完后,我会将磁盘清空以确保原稿永远无法恢复。

修改成就作家,但编辑文本缺乏写作的魅力。编辑工作无法唤起有灵感的艺术家或天才思想家的形象。就像女神雅典娜完全从宙斯的头颅中诞生出来一样,初学者认为好的文章完全是从作者的头脑中产生。没有比这更离谱的事了。如果你只能记住本书中的一件事，那一定是彻底修改你所写的一切。除非你花时间编辑你的文字，否则本书的所有建议都毫无意义。

分两个阶段来修改你的文章。修改的第一阶段通常涉及整体结构和观点——你稿子的大方向。这是你在听取友好读者的反馈或听过完整手稿后要做的事。第二阶段包括段落和句子层面的编辑，选择更好的动词，写出被动语态，这有时被称为语句编辑。当你修改文章时，在被语句编辑诱惑之前，确保先专注于第一阶段的修改。太多民族志作者把时间浪费在完善段落和句子上，这些段落和句子在之后的修订中却被删掉了。

我热爱语句编辑，尽管它需要投入大量时间。修改一个句子或找到完美的同义词时，是我感到最具创造力的时候。编辑带来的满足感来自练习一门手艺，这里指的是写作技巧。但是，许多民族志作者在编辑整篇初稿时会感到不知所措。在本章中，我将概述一些行之有效的修改技巧，供你在编辑文章时使用。在下一章中，我将在探讨写作习惯时继续讨论文本修改。

一气呵成完成初稿

许多博士生没有获得博士学位,因为他们从未写完毕业论文。他们完成了课程,通过了资格考试,完成了所有的研究工作,但是写论文却成了不可逾越的障碍。为什么论文会带来如此大的挑战?因为学生们无法突破第一章。太多论述者都是从引言部分开始写作,却发现自己无话可说。或者他们意识到自己根本不知道要介绍什么。对许多有志于从事民族志研究的人来说,沦为永远的"准博士"(ABD:all but dissertation)是一种个人灾难。

在安妮·拉莫特(Anne Lamott)精彩的著作《一鸟接一鸟:写作和生活指南》(*Bird by Bird: Some Instructions on Writing and Life*)中,作者建议所有想成为作家的人都接受她所谓的"狗屎般的初稿"(SFD:shitty first draft)。决定好你要写什么,然后马不停蹄地把它写完。如果你需要写一篇文章,花些时间思考摘要,概述你的论点精髓以及支撑它的材料。你可以花几天时间写一个非常好的摘要。一旦你有了它,就把它作为你的引言段落并开始写作。保持书写,直到你认为已经可以结尾了。不要回过头去读你已经写好的内容。这似乎很难,但可以学着让你的思想自由流动。[112] 如果你发现自己在某个部分卡壳了,或者需要一个手边没有的特定的事实或参考资料,在文本中留下占位符。像"在这里插入引用"或"在这里讨论相关研究"这样的短语在我的初稿中随处可见。如果我需要停止一天的工作,我总是在我的电子文档中输入"XXX"。当回到这个文件时,我打开文档并搜索"XXX",从而跳过我之前写的文本。

在撰写毕业论文或书时,一气呵成会面临更大的挑战。我的同事,人类学家,《旧信仰与俄罗斯土地》(*The Old Faith and the Russian Land*)的作者道格·罗杰斯很理解这些挑战,但他仍坚持在不加修改的情况下尽可能地多写。道格写道:

> 鉴于我所实践和提倡的修改和归类工作,对我而言,最重要的是坚持写作,尽量推迟

重写和重新归类的冲动，直到真正需要时为止。我可以永远修改某些段落或章节，但只有将它们放在更大的章节语境中，我才能知道是否正确。所以，我会尽量先完成一章后再对其进行拆解。在某些时候，即使我对它有些不满意，但我也会跳过这章而进入下一章的书写，这样我可以稍后在更高层次进行修改（两章一起和最终的整本书）。[1]

像道格一样，我把整个项目分解成单独的章节并将它们按暂定的顺序排列。我从第一章开始写，一直写到最后一章的结尾。不可避免的是，第一章很糟糕，因为我对整本书结构的认识不够清晰。但在写完五本书后，我已经学会了坚持。如果我回过头去，过早地开始修改，我可能永远也完不成一本书。

从头到尾重读你的初稿，让内心的批评家缄默

一旦有了初稿，在做任何修改之前，先通读

一遍。通常，从开始写作到完成已经过了很长一段时间，长到足够忘记一些你写过的内容。如果你立即开始编辑，可能会重写在后面的章节、文章或书中已经写好的段落。如果你将初稿打印出来，就不太可能在阅读时修改文本。自己记下需要修改的地方，圈出错误的拼写、糟糕的语法和不适合的句法。但是，在你从头到尾阅读完文本之前，不要修改电子文档，读完后再回过头去修改。

　　修改糟糕的初稿是最大的挑战。在此阶段，我的写作水平让人震惊，我都在琢磨自己是如何写出如此糟糕的文章的。有时，第一轮的编辑比写整个初稿所花的时间更多，这让人既沮丧又恼火。在这个阶段，我内心的批评家开始攻击我；不安全感和怀疑使我受伤。情绪变得狂躁。我问自己："如果这是一个愚蠢的项目怎么办？""我怎么才能让这堆垃圾具有可读性？""为啥还会有人想读关于保加利亚的书呢？"不安全感会导致分心和拖延。"也许厨房需要打扫？""或者我应该按照颜色分类来整理我的衣柜？"我大部分时间住在缅因州，那里大约有六个月的冬季，所以我可以铲雪、用砂石铺路或者凿开屋顶边缘的积冰。我的房子受益于我的自我怀疑。当我一想到要修改初稿，我就会擦窗户。

书籍是商品拜物教的完美例子。读者很少能看到隐藏在新书光鲜封面背后的汗水、泪水和焦虑。当我读自己最喜欢的民族志作者的作品时，我会被"我永远也写不出这么好的书或文章"的想法所挫败。我浪费时间制造二流垃圾。如果我让内心的批评家缄默并坚持自己的立场，我的第二稿总会得到改进。经过第一轮的大量编辑，当我重读稿件时，疑问会不断涌现："这真的像你想象的那么糟糕吗？""你确定会没有受众？""我还能在人行道上倒多少次融化的冰？"慢慢地，内心的批评家动摇了，我用另一轮的修改来反击她。到第三稿完成后，我的信心又回来了。在任何项目的开始阶段，我往往是自己最大的敌人，但如果我能深呼吸并接受自己的初稿有多糟糕，我就能完成任何项目。要让自己有"糟糕"的自由。

寻找友好的读者

在开始分享你的作品之前,你可能想做第三次全面的修改,或者,你可以找一个真心为你着想的友好读者,如果你在写一篇毕业论文,一个同级的研究生可能是一个很好的第一读者。如果你和你的导师关系良好,可以把稿子给他看,告诉他这只是初稿。如果你在写一本书或一篇文章,可以找一个愿意和你交换阅读的同事。在我获得终身教职之前,我和学院内外的同事组成了几个小型的阅读小组。我们分享初稿并讨论结构和组织等大框架方面的问题。

如果你对自己的写作缺乏安全感,你可以聘请专业的编辑。自由编辑提供各种服务,从帮你整合整本书到最后对错别字和不良语法的编辑。当我还是助理教授时,我从一位有天赋的、在校园里担任写作辅导老师的本科生那里受益良多。作为一个对写作感兴趣的聪明大学生,根·克雷登(Gen Creedon)读过不少糟糕的学术书。她教会我如何组织复杂的论点,这样即使是无聊的19岁学生也能理解它们。根拥有一双职业编辑的眼睛,以至于她毕业后,我仍继续与她合作,并在2006年春天将她带到华盛顿特区,与我一起实习。后来,我很高兴得到普林斯顿大学出版社的编辑维姬·威尔逊-施瓦茨(Vicky Wilson-Schwartz)的关注。维姬无情地用蓝色铅笔在《东欧穆斯林的生活》一书中修改,将这份手稿从一篇平淡无奇的学术论文变成了一个关于普通人试图理解颠倒了的世界的故事。

如今,我依赖于我的伴侣和一位分析型哲学家同事的意见。有一位来自我所在领域之外的读者对确保我的作品能跨越学科或分支学科的边界至关重要。斯科特阅读时注重清晰和连贯性,他从不会让我蒙混过关。有时我对他的坦率感到愤怒,但我已经学会信任他的判断。当我把《历史的左侧》第一份像样的草稿给他后,在还给我时,他在目录的导言旁边潦草地写道"讨厌它"。这是我在详读他的评论时看到的第一句话,我的心猛地一沉。我面临着三种选择:(1)为自己辩护,告诉他他对民族志一无所知；（2）把草稿扔出阳台，爬到床底下哭泣；或者（3）弄清楚我做错了什么。在击退了选择第一种或第二种（或者两者同时选择）的冲动后，我选择了第三种。随着时间的推移，我意识到导言的语气和执行度方面的缺陷。我重写了整个部分。

对于拼写错误，我母亲则是最好的读者，因为她做了四十多年的秘书。当我对内容感到困惑时，我会联系该领域的同事并给他们发送一段具体内容。对于《历史的左侧》，我向我的写作团队大声朗读了精选的段落，并从莎拉·布朗斯坦的评论中获益。这些年来，我已经建立了一个备受信任的网络。当然，这意味着当其他人需要编辑帮助时，我也必须给予回报。很多初稿被送到我的桌上，所以我从经验中得知：最好的作者也是最好的修订者。

花些时间建立你自己的编辑网络，可以是能互换写作成果的朋友和同事，也可以雇用编辑和你一起工作。对于论文作者来说，优秀博士或论文"导师"都可以在互联网上提供帮助。虽然我从未使用过这些服务,但他们中的一些人会阅读草稿并评论你的章节。无论你在哪里寻求帮助,多一双眼睛阅读你的文本都会提高修改过程的质量。

倾听你的作品

不明智的语法、过度使用的词汇和拼写错误更容易被听到而不是看到。当我在写基金申请或推荐信时,我会将它们大声朗读出来,以确保不会出错。这些东西都需要完美。对于较长的项目,我要感谢斯科特向我介绍了微软 Word 文档里的文本转语音功能。我可以选择任何一段文字,然后让电脑生成的声音将它们读给我听。在第一阶段的修改中,我一边听一边读我的原稿,并做和组织结构有关的笔记。在语句编辑阶段,我在电脑屏幕上阅读,然后直接在电子文档中进行更正。如果是在处理一本长篇文稿,这会花费很多时间,但我还是会挤出时间。即使是通过电脑生成的声音,我也能听到自己写作的语调和大意,特别是当我用一种不必要的复杂方式表达想法时。我还经常听到一些我在阅读时不会注意到的重复单词。我刚刚听了一份我至少读了十遍的基金申请书，才意识到我在两段话中重复了四遍"进行中"这个词。

当第一次使用语音功能时，我满足于基本的史蒂芬·霍金的声音。现在我发现我的苹果电脑允许我选择多种声音。《历史的左侧》的一部分是一位叫菲奥娜的苏格兰女人给我读的。特莎，一位南非女性的声音，则读了后半段。我已经决定由莫伊拉（一位爱尔兰裔英国女性的声音）来读我现在写的这本书。对于美式英语，苹果公司提供了十几种选择，还有一个"新奇声音"的菜单，里面有"坏消息""歇斯底里的""疯狂的""外星人"和"Zarvox"。Zarvox 可能听起来像是出自一部糟糕的科幻电影，但是既然最终的校对如此乏味，为什么不从中找点乐趣呢？

第十二章
找到自己的过程

[117] 我的汤博乐轻微博(Tumblr)上有一个帖子写道:"没有一个电工会遇到电工的障碍。"我笑了,因为当时我正因为缺乏灵感而不停地用额头敲击键盘,还在刷汤博乐上的帖子,以拖延时间。从2011年起,我在汤博乐上开设了一个名为"文学民族志"的博客,我在那里思考与民族志书写相关的问题。如今,这个博客已有超过6000名"粉丝"(汤博乐是这么称呼他们的),我收到的最常见的问题就是写作者的瓶颈及如何克服它。

不幸的是,没有一个万全之策,每个人的大脑运作方式不同,不断变化的个人境遇也会影响我们在人生不同阶段的写作方式。当我女儿还是个学龄儿童、我还是一名单亲母亲时,我利用在抚养孩子和职业责任之间挤出的零碎时间一段一段地写完了我的书。我在微软 Word 文档里写了一系列的主题句，并在电脑上一直开着文档。如果我女儿对《爱探险的朵拉》中的某一集感兴趣，我就知道我大概有 25 分钟的时间。我可以写一两段草稿。这是最漫无目的的生产初稿的方式，但也是我保持前进势头的唯一方式。现在我女儿已进入青春期，她会花很多时间上学，看手机或观看她最喜欢的 Youtube 博主。我可以坐下来完整地写完一整章，这是我以前从未有过的奢侈享受。

这并不意味着我总是能避开写作障碍，或者坐在电脑前时不会分心。我预料到这些障碍，并制定了一套程序来应对它们。一开始的怪癖和迷信结合在一起逐渐形成了一个从项目开始到结束的既定过程。我的习惯对我很有效，但并不适合所有人。每个习惯必须用以专门抵御特定的生产力杀手。在为这本书做研究的过程中，我联系了一些民族志作者同行，询问他们的写作习惯。也许确实存在一些值得分享的秘诀：一些成功的民族志作者们共有的习惯或技巧。

我把自己的习惯列了一张表,并与同事们比较,看他们是否也有类似的习惯。例如,我喜欢在安静的时候写作,只有在做语句编辑的时候才会大声地播放音乐。道格·罗杰斯的做法几乎与我相反:

> 我经常在写初稿时戴着耳机,听着大声的音乐。总是有干扰、担忧和疑虑;空白的页面会让人感到恐惧和疲惫,特别是在写作初期。因此,我让熟悉的音乐(一个设置为循环播放的短歌单)占据我大脑中过度编辑、妨碍新文本或倾向于走神去想其他事情的部分。我有"快"和"慢"两个版本的播放列表,以适应我的心情以及我需要的血液流动速度——有时,我需要在页面上生成的文字是非常强劲、猛烈和响亮的,在其他时候,它又是克制的。但这不是背景音乐。它和屏幕上的文字一起就在那里。我知道这正是所有学习指南告诉你工作时不应该做的事,因为它会降低你的注意力并导致分心。但这正

是我想要的——一些分散我注意力的东西，不是让我从写作中分心，而是让我从妨碍我写作的东西那分散注意力。我希望我的注意力从页面偏离后不是进入我是否可以写出下一句或是否会写得好，而是进入一个熟悉的节奏、歌词或旋律，它们带着我进入下一个句子，就像昨天或上周一样。其中一首歌已经陪伴我写作将近 15 年了。听着这个歌单写作经常能让我快速写出一个难看的初稿——这对我来说是最难的部分。然后我就可以开始编辑了。我热爱编辑和修改。而这些则是在完全安静的环境中进行。[1]

约翰·博恩曼说他的习惯就是"自律"。他每周都会留出固定的时间用于"纯粹写作"。这种写作包含"大量的意识流，不知道要去到哪里的自由联想写作"，然后是"大量的编辑"。[2] 我也会尝试写一页"自由写作"，只是为了养成每天都写一定数量单词的习惯，这是我从茱莉亚·卡梅隆（Julia Cameron）那本关于创作瓶颈的颇具影响力的书《艺术家之路》(*The Artist's Way*) 中得到的建议。如今,我每天都在机械打字机上自由地写一页,这样电子邮件和社交软件就不会诱惑我。但除了约翰,我联系过的其他民族志学者都没有进行定期的"自由写作"。

对于人类学家朱莉·赫曼特来说,写作需要一定的心态和物质享受:

> 对我来说,关键是要进入写作状态。为了写作,我必须感受到与我所描述的人、地方和事件之间的联系。我用不同的策略来达到那个状态。有时,我会回到我的田野笔记或音频文件。在其他情况下,我可能会忆起我的报道人的评论,他们简练的/讽刺的评论或分析。我的民族志工作总是涉及合作(与俄罗斯活动家和学者),我发现以这种方式与我的同事沟通特别有效,这给了我坐下来写作所需要的动力和信念。
>
> 近年来,我越来越有意识地使用一些小技巧让自己感觉像个作家(也就是说,这是

我从其他急需我的那些事情中抽身而出的时刻——教学、行政和家庭责任),并努力让写作变得愉快、特别。我会寻找一些新的不错的地方坐下来工作(不是我的办公室!),我可能会吃一顿丰盛的午餐。我喜欢在早上游泳来清醒一下头脑。今年夏天,我甚至带着我的稿子住进了一家酒店,进行了一场简短的写作静修(只有我、我的笔记本和一堆要进行编辑的章节!)。

除此之外,在实际操作层面上,我的写作过程依赖于无休止的编辑。我打印出文字,并用一支老式钢笔在上面进行批注。坦白说,我有一本特别喜欢的书(路德维希·贝梅尔曼的《玛德琳在巴黎》,它是我最亲密的朋友和写作伙伴送给我女儿的!),用来作为休息时的读物。[3]

我很赞赏朱莉和她的打印文稿以及一支老式的好钢笔。我所有的编辑工作都是在纸上用钢笔完成的,但我不需要特定的地方;我可以在任何地方工作，包括我的办公室。社会学家和民族志电影制作人大卫·雷德蒙分享了他在写第一本书《身体、珠子和垃圾》时的习惯：

> 我唯一的习惯是在一个难得的夜晚，喝一杯比利时啤酒（8.5%），读一本好书，然后在电脑上写作。大多数的惯例对我来说都不太奏效，所以我大多遵循常规程序。例如，我在完成第一本书的时候，正在蒙特利尔教早上8点的4/4课程。我早上的常规操作是清晨5点起床，喝三到四杯咖啡，吃水果酸奶，然后喝一大杯水。我从5点30分到7点30分写作，然后在早上7点45分离开家乘地铁去上课。30分钟的地铁车程让我可以通过阅读不同书籍的章节来产生想法。我的配偶阿什莉·萨宾参加了一个艺术硕士的项目。她上课时，我就在她的校园里写我的书，而我们刚出生的孩子，玛格诺丽娅，大部分时间就睡在我旁边。阿什莉在课间休息时给孩子喂奶，而我在玛格诺丽娅睡觉时继续写作。这

个习惯——更像是一个日程安排——持续了一个学期。[4]

大卫的日常安排让我想起了家里有孩子时我的日程安排，但在那些日子里，我只要有机会就写作。我一直想成为那种早晨第一件事就是写作的人，但我始终做不到。我总是选择睡觉。

艾米·波罗沃伊回复完邮件，打扫完办公室便准备开始写作：

> 当写作时，我会写很多笔记——阅读笔记、各种各样的想法和顿悟以及大纲。在开始写作之前，我会先浏览一遍。有时我会先发几封邮件或者整理一下文件，这只是为了清空我的大脑（和办公桌）。我的打印机旁有一张明信片，上面是诺曼·洛克威尔（Norman Rockwell）在《小妇人》（*Little Women*）中的插图，画的是乔蜷缩在阁楼的旧沙发上，写着她的伟大著作。两只老鼠在她头上的横梁上注视着她。[5]

第十二章　找到自己的过程

阅读笔记会分散我的注意力。如果我打开电子邮件或者试图处理我桌上堆得如喜马拉雅山一般高的杂物,那我永远无法写出一个字。这里涉及偏执;无论我开始做什么,我都会持续做几个小时。最好还是开始写作。

在与其他民族志作者交谈后,我认为难以抑制的编辑是我们唯一的共同习惯。然后,我收到了奥尔加·舍甫琴科的回复:

> 不太确定写作习惯。我写得非常慢并且几乎从不修改。这与大多数的写作建议相反,但这只能表明写作方面没有灵丹妙药。你需要找到适合自己的方式。[6]

我永远无法想象,我写的东西没有经过至少三次修改就给别人阅读,更别说出版了。但奥尔加说得对,你必须找到适合自己的方法。即使你失败了,也要不断尝试。我们内心都有伟大的书籍和文章,只是我们需要想办法将它们释放出来。

因为没有唯一的书写民族志的正确方法,所

以我在这里分享的是我自己的写书流程,以展示写作习惯如何帮你应对大项目。

我写一本书的十个步骤

122

1. 制作一个虚拟目录

在完成一个我认为可以写成一本书的想法的研究后,我会编写一个想象中的目录。我会思考整个论点,以及如何最好地组织需要用来证明这个观点的材料。在这个阶段,我会对章节的数量和风格做一个初步的计划。对于更传统的学术书籍,我会按照主题组织章节,它们数量较少,但篇幅较长。对针对本科生或普通读者的项目,我会采用更多的短章节,并更倾向于用直观的编年方式组织手稿。虽然这个提纲会有所改变,但在开始写作之前,我在最初制订的过程中所投入的脑力工作有助于我对读者、语气和长度等重大问题进行全面思考。

在这个阶段,我还要考虑我是否应该开始写作,或者我是否应该用这个目录来组织一份出书计划。有些民族志作者更喜欢在完成整个初稿前向编辑"推销"他们的想法，如果你有兴趣在商业出版社出版的话，就必须采用这种方式。有些学者更喜欢在他们投入一个大项目之前先签订合同，而写一份提案能够帮助澄清书的目的，并获得早期反馈。一旦决定投入某个项目，我将继续第二步。

2. 创建电子文档

在有了目录之后，我便为每个章节以及前面的内容、致谢和所有附录分别创建独立的文件夹。然后我把之前已经写好的东西剪切粘贴进去，我称之为"基础文本"。我将所有可能与这一章相关的内容都放进去：期刊文章、随笔、书评、田野笔记摘录、电子邮件、先前书籍的摘录等等。

3. 写糟糕的初稿

无论我是基于"基础文本"还是从头开始，我都会为每个章节写一份糟糕的初稿（CFD：crappy first draft。这是对安妮·拉莫特所谓的"狗屎般的初稿"的更礼貌的称呼）。我并不总是按顺序写，但在我完成所有章节的糟糕的初稿之前，我不会编辑任何单独的章节。这些初稿很糟糕，但从头到尾不用担心语法或连贯性的初稿让我能够专注于我想要表达的思想和情感。从没任何人见过我的初稿；一旦我开始修改，我就会将它们都删掉。

4. 打印并对每章进行语句编辑

我在纸稿上手工编辑。在屏幕上编辑更有效率也更环保，但它会让你偷懒。修改打印文件会迫使我阅读完整个章节后再对电子文档进行修改。这让我将章节的整体结构保持在脑海中，并看到这些章节如何在不同的排例方式下发挥更好的作用。这一轮的修改是乏味的，因为这是我初次尝试纠正糟糕初稿的严重缺陷。

5. 打印出来并再次修改

我重复上一个步骤。这些章节还很粗糙，但经过这一轮的修改，它们开始变得可读了。在这个阶段，我也开始关注语法、句法和叙述的流畅度。我开始查看错别字，思考主题句和段落长度。我也开始考虑我的论点在这一章中是如何发展的，以及我可能还需要哪些额外的材料来证实我的主张。我只有把所有的东西都写在纸上后才开始把这些变动之处录入电脑。

6. 将章节组合成文稿

在第二轮的修改后,我回到目录并且思考整本书的结构。有些章节已经变得很长,必须一分为二。孤立的章节也找到了自己的归属或者被完全砍掉。所有被划掉的文本都被转移,储存到一个名为"未被使用"的电子档案中。这为未来的项目提供了一个"基础文本"的储备。所有的章节现在都被合成一个电子文档。

7. 打印出来进行语句编辑

请叫我树的杀手。我将整份初稿打印出来,并再次手工进行全面的语句编辑。我专注于整体的连贯性和清晰度,并且寻找更多可以被删掉的内容。这份手稿开始让我觉得我可以毫无羞愧地与全世界分享它了。

8. 寻找友好的读者

我的母亲、我的伴侣、我的朋友们和不带偏见的同事都是我的第一批读者。此时,我通常已经在这个项目上投入了太多的时间和精力。我需要一个批判性的距离。把整个手稿交给几个值得信赖的对话者，让我可以休息一下并且得到一些外部的反馈。我的论点清晰吗？是否还有多余的文字？我漏掉了多少错别字？

9. 听电脑朗读我的词汇

一旦把所有友好的建议都整合起来后，我就会使用微软 Word 文档里的"语音"功能让电脑将整个文稿读一遍。不好的语法、过度使用的单词甚至简单的拼写错误都比我们阅读时更容易听到。

10. 完成参考文献并发送

最后的任务是整理所有的引文和参考文献。对参考文献的仔细关注能让我恢复整本书的结构并思考我将在哪个文献范围内做出贡献。只有当参考文献都符合要求后，我才会联系编辑。至此，我的文稿已经可以进行盲审了。我默默祈祷，发送文稿，并开始准备下一个项目。

十个步骤——作者写一本书的十个步骤的模拟信息图

结　论

写作是一种技能，这种技能随着时间和实践而提高。写好文章不存在神奇的方法，你不应该等到成为一个"好"作家后才开始写作。不管你的写作能力如何，都要坚持推进你的项目。写作者文思枯竭是经常发生的事，但你可以使用正确的工具来应对它。

这本书介绍了多种用于撰写一本清晰易懂的民族志的方法。这是一本超出你的学术同行小圈子的读者也可以理解的书。这些方法包括：

1. 选择一个你喜欢的主题——如果你处在一个足够早的阶段，做一些真正让你兴奋的研究，如果为时已晚，那么就想办法用你已经完成的学术研究写一本真正的好书。

2. 将自己融入材料——不要害怕把你自己写入民族志,特别是在描述你的方法论或试图将你田野调查的不同部分联系起来时。

3. 加入民族志细节——展示,而不是讲述。不仅仅将你的民族志材料当成证据。关注人,以及他们的独特之处。

4. 描述地点和事件——用你对地理和事件的描述作为文稿中论点的隐喻。把你的读者带入到你的报道人的世界。

5. 整合你的理论——不要用一大段理论思辨让读者感到疏远。学习将你的民族志材料与现存文献中相关的见解交织起来。

6. 加入对话——做详细的田野笔记,把你的报道人的话变成文学性的对话。使用对话来增加手稿中叙述的变化性。

7. 插入图像——选择可以补充你民族志材料的图片。尽可能多地插入你的出版商所允许的照片。确保你获得了许可。

8. 减少科学主义——如果可能的话,避

免不必要的术语，使用尾注而不是作者-日期的引用格式。

9. 简化你的文章——学会精练写作。选择简单而非复杂的词语，把主语与谓语放在一起，注意被动语态，注意副词和形容词。

10. 掌握良好的语法和句法——很好地使用英语这门语言。阅读风格指南，模仿你喜欢的民族志作者。避免弱动词。

11. 修改——一气呵成写完初稿，然后再进行修改。寻找友好的读者。听别人大声朗读你的作品。

12. 找到自己的过程——创造适合自己的写作习惯。

当你还年轻时，执行所有这些建议可能会有困难。期刊有自己的格式规定，资深的同事希望你的作品符合学科规范。有时，第一本书需要专门针对一小部分学者，这些人可能会位列你的终身教职评审委员会。无论如何，做你必须做的事来树立自己作为一个严肃学者的声誉，但不要认为故作高深会让你看起来更聪明。如果你的想法有原创性，研究也很扎实，那么你可以撰写面向终身教职评审委员之外的读者的文本。学生、报道人，甚至你的同事都会感谢你。

致 谢

我从未想过我会写一本关于写作的书。这个项目是在愤怒和沮丧中诞生的,我非常感谢各位同事、朋友和学生,是他们鼓励我把对学术体的频繁咆哮转化为此项目。注意到和抱怨民族志书写中大量不良的文章是一回事,而试图对此做点什么则是另一回事。也许我在打一场注定失败的仗,但至少可以说我努力过。

我要感谢多年前在加州大学伯克利分校教授我执行方法论课程的吉恩·雷夫(Jean Lave)和卡罗尔·斯塔克,以及我在杜克大学和普林斯顿大学出版社的编辑肯·维索克(Ken Wissoker)、弗雷德·奥佩尔(Fred Appel)和考特尼·伯格(Courtney Berger),是他们鼓励我书写人人都能读的民族志。我要特别感谢芝加哥大学出版社的玛丽·劳尔（Mary Laur），感谢她对这个项目的信任，也要感谢阿尔玛·戈特利布、乔纳森·韦恩（Jonathan Wynn）和米歇尔·莫拉诺（Michelle Morano）三位评审所提出的建设性意见。

我在鲍登学院的学生对我布置给他们的阅读文本总是直言不讳，他们的见解让我能够思考如何才能使学术作品变得更容易被理解。我对鲍登学院的同事们也同样心怀感激，感谢他们多年来对我的支持，尤其是我的现任同事詹妮弗·斯坎伦（Jennifer Scanlon）、苏珊·法鲁迪（Susan Faludi）、弗朗西丝·高达（Frances Gouda）和安妮·克利福德（Anne Clifford），他们在我休假期间仍坚守岗位。这本书的大部分内容是我在离开鲍登学院的夏季和初秋完成的，学院为我提供了教职工休假补偿，这样我就可以接受德国弗莱堡高级研究所（Freiburg Institute for Advanced Studies, FRIAS）2014—2015年度的高级外聘奖学金。非常感谢研究所的学术同人——布丽塔·克斯特（Britta Küst）、佩特拉·费舍尔（Petra Fischer）、海伦·珀特（Helen Pert）、尼古拉斯·宾德（Nikolaus Binder），特别是主任贝恩德·科特曼（Bernd Kortmann）教授与卡斯滕·杜丝（Carsten Dose）博士，他们让我在弗莱堡的研究之旅十分愉快。我非常感谢我在苔藓瀑布5号的可爱的邻居约恩（Jörn）和玛丽斯·安布斯（Marlies Ambs）。最后，我还要感谢我慷慨的同事们，他们分享了他们关于从笔记到叙述的知识和专业技巧。

虽然她永远无法阅读此书，但我觉得我还是有必要感谢我的巴吉特猎犬黛西的重要贡献。她陪我来到德国，在我写这本书时陪伴着我。除了偶尔需要食物、水和散步外，黛西是我疯狂写作期间坚实的伙伴。我还要感谢我的伴侣斯科特，他是一位优秀的"友好型读者"，感谢他对我的耐心和支持。琼·迪迪翁（Joan Didion）曾经说过："语法是我用耳朵弹奏的钢琴。"对我来说，语法就像是一个搭档，当我把"放置"（lay）与"撒谎"（lie）搞混时，它总能纠正我。我女儿最近也加入了语法警察的行列，成了一名出色的校对员，她同时也是我娱乐和灵感的源泉。我的家人除了对我用词保持警惕外,还要忍受我的写作癖好,包容我的偏执。我很惊讶他们仍希望我在身边。

最后,我在缅因州的写作小组成员——安妮·芬奇(Annie Finch)、波普·布洛克(Pope Brock),特别是莎拉·布朗斯坦——让我打破了学术之茧。他们三人都在美国艺术硕士课程中教授写作技巧,在过去的三年里,我们经常一起分享自己的作品,我从他们建设性的批评中获得了很多知识。更重要的是,我珍惜他们的支持和友谊。谨将此书献给安妮、波普和莎拉。

注 释

导论 为什么要清晰写作？

1. See, for instance, Ghodsee, "When Research becomes Intelligence."

2. Givlier, "University Press Publishing in the United States," online.

3. Van Maanen, *Tales of the Field*, 147.

第一章 选择一个你喜欢的主题

1. Michael Herzfeld, "Passionate Serendipity: From the Acropolis to the Golden Mount," in *The Restless Anthropologist, New Fieldsites, New Visions*, ed. Alma Gottlieb (Chicago: University of Chicago Press, 2008), 100-22.

2. Jerome Groopman, "The Victory of Oliver Sacks," *New York Review of Books* LXII, no. 9 (May 21-June 2, 2015): 6.

第二章 将自己融入材料

1. Guenther, *Making Their Place*, 141.

2. Stoller, *Fusion of the Worlds*.

3. Anderson, *Code of the Street*, 11.

4. Van Maanen, *Tales of the Field*, 175.

5. See Jacob Brogan's April 1, 2015, essay on "Why Scientists Need to Give Up on the Passive Voice" on Slate.com.

6. Behar, *Traveling Heavy*, 6.

7. Wacquant, *Body and Soul*, 4.

8. McDermott, *Working-Class White*, 108.

9. Narayan, *Alive in the Writing*, 96.

10. Borneman, *Syrian Episodes*, ix.

11. On the value of direct experience, also see the edited collection by Sarah Davis and Melvin Konner, *Being There*.

12. Borneman, *Syrian Episodes*, 150.

13. Bourgois, *In Search of Respect*, 318.

第三章 加入民族志细节

1. Clifford Geertz, "Deep Play," 1–37.

2. Personal e-mail communication with Elaine Weiner, May 7, 2014.

3. Emerson, Fretz, and Shaw, *Writing Ethnographic Fieldnotes*.

4. Aristotle, *Poetics*, online.

5. Lacy, *Blue-Chip Black*, 1.

第四章 描述地点和事件

1. Gottlieb and Graham, *Parallel Worlds*, 3.

2. Ghodsee, *The Red Riviera*, 1.

3. Anderson, *Code of the Street*, 15.

4. Dunn, *Privatizing Poland*, 72.

5. Warner, *The Living and the Dead*, 1.

第五章 整合你的理论

1. Personal e-mail communication with John Borneman, April 27, 2014.

2. Personal e-mail communication with Amy Borovoy, May 6, 2014.

3. Personal e-mail communication with Julie Hemment, August 16, 2014.

4. Personal e-mail communication with Olga Shevchenko, April 27, 2014.

5. Fields, *Risky Lessons*, 138.

6. Borneman, *Syrian Episodes*, xii.

7. Aizenman and Kletzer, "The Life Cycle of Scholars and Papers in Economics."

8. Personal e-mail communication with Olga Shevchenko, April 27, 2014.

9. Personal e-mail communication with Julie Hemment, August 16, 2014.

10. Personal e-mail communication with Doug Rogers, September 9, 2014.

第六章　加入对话

1. Stoller, *Fusion of the Worlds*, 12.

2. Kahn, *Privilege*, 102.

第七章　插入图像

1. Harper, *Working Knowledge*, 122-23.

第八章　减少科学主义

1. Mills, *The Sociological Imagination*, 27.

2. Ibid.

3. Sokal, "Transgressing the Boundaries," 217-52.

4. See http://www.elsewhere.org/pomo/

5. See http://writing-program.uchicago.edu/toys/randomsentence/write-sentence.htm.

6. Williams, *Style*, 10.

7. Kerins, "The Academic Con-Men."

8. Dennett, *Breaking the Spell*.

9. American Anthropological Association, *Style Guide* (2009), online: http://www.aaanet.org/publications/style_guide.pdf.

第九章 简化你的文章

1. Strunk and White, *Elements of Style*, 23.

2. Orwell, "Politics and the English Language," online.

3. Zinsser, *On Writing Well*, 177.

4. Owen, "In Defense of the Least Publishable Unit."

5. Rovit and Waldhorn. *Hemingway and Faulkner in Their Time*, 162.

6. Oppenheimer, "Consequences of Erudite Vernacular."

7. Ibid., 152.

第十章 掌握良好的语法和句法

1. Provost, *100 Ways to Improve Your Writing*, 60–61.

第十一章 修改！

1. Personal e-mail communication with Doug Rogers, September 9, 2014.

第十二章 找到自己的过程

1. Personal e-mail communication with Doug Rogers, September 9, 2014.

2. Personal e-mail communication with John Borneman, April 27, 2014.

3. Personal e-mail communication with Julie Hemment, August 16, 2014.

4. Personal e-mail communication with David Redmon, May 6, 2014.

5. Personal e-mail communication with Amy Borovoy, May 6, 2014.

6. Personal e-mail communication with Olga Shevchenko, April 27, 2014.

建议阅读书目和参考文献

我提供了一些可能对希望提高自己写作水平的民族志作者有用的书。虽然许多优秀的民族志写作案例发表在诸如《民族志》(*Ethnography*)、《当代民族志杂志》(*Journal of Contemporary Ethnography*)、《美国民族学家》(*American Ethnologist*)以及《人类学和人文主义》(*Anthropology and Humanism*)等期刊上,但为了简短起见,我在这里列出的资源仅限于已出版书籍。这个列表并不全面,而仅是许多有用文本中的一个样本。

关于写作的综合性图书选列

Chicago Manual of Style. 16th ed. Chicago: University of Chicago Press, 2010.

Cameron, Julia. *The Artist's Way: A Spiritual Path to Higher Creativity*, 10th Anniversary ed. Jeremy P. Tarcher/Putnam, 2002.

Goldberg, Natalie. *Writing Done the Bones*, expanded ed. Boston: Shambhala, 1995.

Hale, Constance. *Sin and Syntax: How to Craft Wickedly Effective Prose.* New York: Broadway Books, 2001.

Lamott, Anne. *Bird by Bird: Some Instructions on Writing and Life.* New York: Anchor, 1995.

Orwell, George. *Why I Write.* Penguin Great Ideas. New York: Penguin Books, 2005.

Pinker, Steven. *The Sense of Style: The Thinking Person's Guide to Writing in the 21st Century.* New York: Viking, 2014.

Provost, Gary. *100 Ways to Improve Your Writing.* Signet, 1985.

Strunk, William, and E. B. White. *The Elements of Style*, 4th ed. London: Longman, 1999.

Sword, Helen. *Stylish Academic Writing.* Cambridge: Harvard University Press, 2012.

Williams, Joseph. *Style: Lessons in Clarity and Grace*, 11th ed. London: Longman, 2013.

Zinsser, William. *On Writing Well: The Classic Guide to Writing Nonfiction*, 30th Anniversary ed. New York: Harper Perennial, 2006

关于写作和社会科学方面的综合性图书选列

Becker, Howard. *Tricks of the Trade: How to Think about Your Research While You're Doing it*. Chicago: University of Chicago Press, 1998.

Becker, Howard. *Writing for Social Scientists: How to Start and Finish Your Thesis, Book, or Article*, 2nd ed. Chicago: University of Chicago Press, 2007.

Becker, Howard. *Telling About Society*. Chicago: University of Chicago Press, 2007.

Germano, William. *From Dissertation to Book*, 2nd ed. Chicago: University of Chicago Press, 2013.

Germano, William. *Getting it Published: A Guide for Scholars and Anyone Else Serious about Serious Books*. Chicago: University of Chicago Press, 2008.

民族志方法和写作书目选列

Boellstorff, Tom, Bonnie Nardi, Celia Pearce, and T. L. Taylor. *Ethnography and Virtual Worlds: A Handbook of Method*. Princeton: Princeton University Press, 2012.

Borneman, John, and Abdellah Hammoudi. *Being There: The Fieldwork Encounter and the Making of Truth*. Berkeley: University of California Press,

2009.

Clifford, James, and George Marcus. *Writing Culture: The Poetics and Politics of Ethnography*, 25th anniversary ed. Berkeley: University of California Press, 2010.

Emerson, Robert, Rachel Fretz, and Linda Shaw. *Writing Ethnographic Fieldnotes*, 2nd ed. Chicago: University of Chicago Press, 2011.

Goodall, H. L. *Writing the New Ethnography*. Maryland: AltaMira Press, 2000.

Gottlieb, Alma, ed. *The Restless Anthropologist: New Fieldsites, New Visions*. Chicago: University of Chicago Press, 2008.

Lassiter, Luke. *The Chicago Guide to Collaborative Ethnography*. Chicago: University of Chicago Press, 2005.

Narayan, Kirin. *Alive in the Writing: Crafting Ethnography in the Company of Chekhov*. Chicago: University of Chicago Press, 2012.

Van Maanen, John. *Tales of the Field: On Writing Ethnography*, 2nd ed. Chicago: University of Chicago Press, 2011.

人人都能读的民族志选列

(星号表示该书获得了人文人类学协会颁发的维克多·特纳民族志写作奖)

* Abu-Lughod, Lila. *Writing Women's Worlds: Bedouin Stories.* Berkeley: University of California Press, 1993.

Allison, Anne. *Nightwork: Sexuality, Pleasure, and Corporate Masculinity in a Tokyo Hostess Club.* Chicago: University of Chicago Press, 1994.

Anderson, Elijah. *Code of the Street: Decency, Violence, and the Code of the Inner City.* New York: W. W. Norton, 1999.

Aretxaga, Begoña. *Shattering Silence: Women, Nationalism, and Political Subjectivity in Northern Ireland.* Princeton: Princeton University Press, 2007.

* Bashkow, Ira. *The Meaning of Whitemen: Race and Modernity in the Orokaiva Cultural World.* Chicago: University of Chicago Press, 2006.

* Basso, Keith H. *Wisdom Sits in Places: Landscape and Language among the Western Apache.* Albuquerque: University of New Mexico Press, 1996.

Behar, Ruth. *The Vulnerable Observer: Anthropology that Breaks Your Heart.* Boston: Beacon Press, 1997.

Behar, Ruth. *Translated Woman: Crossing the Border*

with *Esperanza's Story*. Boston: Beacon Press, 2003.

Behar, Ruth. *An Island Called Home: Returning to Cuba*. New Brunswick: Rutgers University Press, 2007.

Behar, Ruth. *Traveling Heavy: A Memoir between Journeys*. Durham: Duke University Press, 2013.

Biehl, João. *Vita: Life in a Zone of Social Abandonment*. Berkeley: University of California Press, 2013.

Biehl, João. *Will to Live: AIDS Therapies and the Politics of Survival*. Princeton: Princeton University Press, 2009.

Boddy, Janice. *Wombs and Alien Spirits: Women, Men, and the Zar Cult in Northern Sudan*. Madison: University of Wisconsin Press, 1989.

Boellstorff, Tom. *Coming of Age in Second Life: An Anthropologist Explores the Virtually Human*. Princeton: Princeton University Press, 2010.

Bogle, Kathleen. *Hooking Up: Sex, Dating, and Relationships on Campus*. New York: New York University Press, 2008.

Borneman, John. *Syrian Episodes: Sons, Fathers, and an Anthropologist in Aleppo*. Princeton: Princeton University Press, 2007.

Borovoy, Amy. *The Too-Good Wife :Alcohol, Codependency, and the Politics of Nurturance in Postwar Japan.* Berkeley: University of California Press, 2005.

Bourgois, Philippe. *In Search of Respect :Selling Crack in El Barrio.* Cambridge: Cambridge University Press, 2003.

Bourgois, Phillipe. *Righteous Dopefiend.* Berkeley: University of California Press, 2009.

* Briggs, Jean L. *Inuit Morality Play :The Emotional Education of a Three-Year-Old.* New Haven: Yale University Press, 1998.

* Brown, Karen McCarthy. *Mama Lola :A Vodou Priestess in Brooklyn.* Berkeley: University of California Press, 2011.

* Chernoff, John M. *Hustling Is Not Stealing :Stories of an African Bar Girl.* Chicago: University of Chicago Press, 2003.

* Cohen, Lawrence. *No Aging in India :Alzheimer's, The Bad Family, and Other Modern Things.* Berkeley: University of California Press, 2000.

* Cruikshank, Julie. *Do Glaciers Listen ? Local Knowledge, Colonial Encounters, and Social Imagination.* Seattle: University of Washington Press,

2005.

Danforth, Loring, and Riki von Boeschoten. *Children of the Greek Civil War :Refugees and the Politics of Memory*. Chicago: University of Chicago Press, 2011.

Deeb, Lara. *An Enchanted Modern :Gender and Public Piety in Shi'i Lebanon*. Princeton: Princeton University Press, 2006.

Delany, Carol. *The Seed and the Soil :Gender and Cosmology in Turkish Village Society*. Berkeley: University of California Press, 1991.

* Desjarlais, Robert. *Shelter Blues ;Sanity and Selfhood among the Homeless*. Philadelphia: University of Pennsylvania Press, 1997.

Dettwyler, Katheryn. *Dancing with Skeletons :Life and Death in West Africa*. Long Grove, IL: Waveland Press, 1993.

Duneier, Mitchell. *Sidewalk*. New York: Farrar, Straus and Girox, 1999.

Dunn, Elizabeth. *Privatizing Poland :Baby Food, Big Business, and the Remaking of Labor*. Ithaca: Cornell University Press, 2004.

Edmonds, Alexander. *Pretty Modern :Beauty, Sex, and Plastic Surgery in Brazil*. Durham: Duke University

Press, 2010.

* Engelke, Matthew. *A Problem of Presence: Beyond Scripture in an African Church*. Berkeley: University of California Press, 2007.

Feld, Steven. *Sound and Sentiment: Birds, Weeping, Poetics, and Song in Kaluli Expression*, 3rd ed. Durham: Duke University Press, 2012.

Fields, Jessica. *Risky Lessons: Sex Education and Social Inequality*. Brunswick, NJ: Rutgers University Press, 2008.

Flueckiger, Joyce Burkhalter. *Amma's Healing Room: Gender and Vernacular Islam in South India*. Bloomington: Indiana University Press, 2006.

Freeman, Carla. *High Tech and High Heels in the Global Economy: Women, Work, and Pink Collar Identities in the Caribbean*. Durham: Duke University Press, 2000.

* Garcia, Angela. *The Pastoral Clinic: Addiction and Dispossession along the Rio Grande*. Berkeley: University of California Press, 2010.

Gaudio, Rudolf Pell. *Allah Made Us: Sexual Outlaws in an Islamic African City*. Hoboken, NJ: Wiley-Blackwell, 2009.

Goldman, Michael. *Imperial Nature: The World Bank*

and Struggles for Social Justice in the Age of Globalization. New Haven: Yale University Press, 2006.

Gomberg-Munoz, Ruth. *Labor and Legality An Ethnography of a Mexican Immigrant Network*. New York: Oxford University Press, 2010.

Gottlieb, Alma, and Philip Graham. *Braided Worlds*. Chicago: University of Chicago Press, 2012.

* Gottlieb, Alma, and Philip Graham. *Parallel Worlds : An Anthropologist and a Writer Encounter Africa*. Chicago: University of Chicago Press, 1994.

Gottlieb, Alma. *The Afterlife Is Where We Come From*. Chicago: University of Chicago Press, 2004.

Grasseni, Cristina. *Developing Skill, Developing Vision: Practices of Locality at the Foot of the Alps*. Oxford: Berghahn Publishers, 2009.

Guenther, Katja M. *Making Their Place Feminism after Socialism in Eastern Germany*. Palo Alto: Stanford University Press, 2010.

Harper, Douglas. *Good Company*. Chicago: University of Chicago Press, 1982.

Harper, Douglas. *Working Knowledge :Skill and Community in a Small Shop*. Chicago: University of Chicago Press, 1987.

* Heatherington, Tracey. *Wild Sardinia: Indigeneity and the Global Dreamtimes of Environmentalism.* Seattle: University of Washington Press, 2010.

Hemment, Julie. *Empowering Women in Russia: Activism, Aid, and NGOs.* Bloomington: Indiana University Press, 2007.

Herzfeld, Michael. *Evicted From Eternity: The Restructuring of Modern Rome.* Chicago: University of Chicago Press, 2009.

Herzfeld, Michael. *The Body Impolitic: Artisans and Artifice in the Global Hierarchy of Value.* Chicago: University of Chicago Press, 2003.

Ho, Karen. *Liquidated: An Ethnography of Wall Street.* Durham: Duke University Press, 2009.

Holmes, Seth. *Fresh Fruit, Broken Bodies: Migrant Farmworkers in the United States.* Berkeley: University of California Press, 2013.

Holmes-Eber, Paula. *Daughters of Tunis: Women, Family, and Networks in a Muslim City.* Boulder, CO: Westview Press, 2002.

* Jain, S. Lochlann. *Malignant: How Cancer Becomes Us.* Berkeley: University of California Press, 2013.

Kahn, Shamus Rahman. *Privilege: The Making of an Adolescent Elite at St. Paul's School.* Princeton:

Princeton University Press, 2011.

* Klima, Alan. *The Funeral Casino :Meditation, Massacre, and Exchange with the Dead in Thailand.* Princeton: Princeton University Press, 2002.

Lacy, Karyn. *Blue-Chip Black :Race, Class, and Status in the New Black Middle Class.* Berkeley: University of California Press, 2007.

Lee, Ching Kwan. *Gender and the South China Miracle :Two Worlds of Factory Women.* Berkeley: University of California Press, 1998.

* Livingston, Julie. *Improvising Medicine :An African Oncology Ward in an Emerging Cancer Epidemic.* Durham: Duke University Press, 2012.

* Luhrmann, Tanya M. *Of Two Minds :An Anthropologist Looks at American Psychiatry.* New York: Alfred A. Knopf/Random House, 2000.

Maggi, Wynne. *Our Women Are Free :Gender and Ethnicity in the Hindukush.* Ann Arbor: University of Michigan Press, 2001.

* Maurer, Bill. *Mutual Life, Limited :Islamic Banking, Alternative Currencies, Lateral Reason.* Princeton: Princeton University Press, 2005.

McDermott, Monica. *Working-Class White :The Making and Unmaking of Race Relations.* Berkeley: University of California Press, 2006.

* Narayan, Kirin. *Storytellers, Saints, and Scoundrels: Folk Narrative in Hindu Religious Teaching*. Philadelphia: University of Pennsylvania Press, 1989.

Ortner, Sherry. *Not Hollywood: Independent Film at the Twilight of the American Dream*. Durham: Duke University Press, 2013.

* Panourgiá, Neni. *Dangerous Citizens: The Greek Left and the Terror of the State*. New York: Fordham University Press, 2009.

Paxson, Heather. *The Life of Cheese: Crafting Food and Value in America*. Berkeley: University of California Press, 2012.

Perez, Gina. *The Near Northwest Side Story: Migration, Displacement, and Puerto Rican Families*. Berkeley: University of California Press, 2004.

* Price, Richard. *Travels with Tooy: History, Memory, and the African Imagination*. Chicago: University of Chicago Press, 2007.

Rogers, Doug. *The Old Faith and the Russian Land: A Historical Ethnography of Ethics in the Urals*. Ithaca: Cornell University Press, 2009.

Scheper-Hughes, Nancy. *Saints, Scholars, and Schizophrenics: Mental Illness in Rural Ireland, 20th An-

niversary ed. Berkeley: University of California Press, 2001.

* Sharp, Henry S. *Loon : Memory, Meaning, and Reality in a Northern Dene Community.* Lincoln: University of Nebraska Press, 2004.

* Stack, Carol B. *Call to Home : African Americans Reclaim the Rural South.* New York: Basic Books, 1996.

Stack, Carol. *All Our Kin : Strategies for Survival in a Black Community.* New York: Basic Books, 1983.

* Steedly, Mary Margaret. *Hanging without a Rope : Narrative Experience in Colonial and Postcolonial Karoland.* Princeton: Princeton University Press, 2007.

Stoller, Paul. *Embodying Colonial Memories : Spirit Possession, Power, and the Hauka in West Africa.* New York: Routledge, 1995.

Stoller, Paul. *Fusion of the Worlds : An Ethnography of Possession among the Songhay of Niger.* Chicago: University of Chicago Press, 1989.

Striffler, Steve. *Chicken : The Dangerous Transformation of America's Favorite Food.* New Haven: Yale University Press, 2007.

Taussig, Michael. *Law in a Lawless Land : Diary of a*

Limpieza in Colombia. Chicago: University of Chicago Press, 2005.

* Tedlock, Dennis. *Days from a Dream Almanac.* Champaign, IL: University of Illinois Press, 1989.

Varzi, Roxanne. *Warring Souls: Youth, Media, and Martyrdom in Post-Revolution Iran.* Durham: Duke University Press, 2006.

Verdery, Katherine. *The Vanishing Hectare: Property and Value in Postsocialist Transylvania.* Ithaca: Cornell University Press, 2003.

Wacquant, Loïc. *Body and Soul: Notebooks of an Apprentice Boxer.* New York: Oxford University Press, 2004.

* Wafer, Jim. *The Taste of Blood: Spirit Possession in Brazilian Candomble.* Philadelphia: University of Pennsylvania Press, 1991.

Warner, W. Lloyd. *The Living and the Dead: A Study of the Symbolic Life of the Americas.* Yankee City Series, vol. 5. New Haven: Yale University Press, 1959.

Weiner, Elaine. *Market Dreams: Gender, Class, and Capitalism in the Czech Republic.* Ann Arbor: University of Michigan Press, 2007.

* Wiener, Margaret. *Visible and Invisible Realms: Power, Magic, and Colonial Conquest in Bali.* Chicago: University of Chicago Press, 1995.

参考文献(前文未引用)

Aizenman, J., and Kenneth Kletzer. "The Life Cycle of Scholars and Papers in Economics—The "Citation Death Tax" NBER Working Paper No. 13891, March 2008. http://www.nber.org/papers/w13891.pdf.

Aristotle. *Poetics.* http://classics.mit.edu/Aristotle/poetics.html.

Baker, Nicholson. *The Mezzanine.* New York: Grove Press, 2010.

Brogan, Jacob. "Why Scientists Need to Give Up on the Passive Voice." Slate.com (April 1, 2015). http://www.slate.com/blogs/future_tense/2015/04/01/scientists_should_stop_writing_in_the_passive_voice.html.

Chow, Rey. *The Age of the World Target: Self-Referentiality in War, Theory, and Comparative Work.* Durham: Duke University Press, 2006.

Davis, Sarah, and Melvin Konner. *Being There: Learning to Live Cross-Culturally.* Cambridge: Harvard University Press, 2011.

Dennett, Daniel. *Breaking the Spell: Religion as a Natural Phenomenon.* New York: Penguin Books,

2007.

Du, Shanshan. *Chopsticks Only Work in Pairs: Gender Unity and Gender Equality among the Lahu in Southwest China*. New York: Columbia University Press, 2002.

Geertz, Clifford. "Deep Play: Notes on a Balinese Cockfight." *Daedalus* 101, no. 1 (Winter 1972): 1–37.

Ghodsee, Kristen. "When Research becomes Intelligence: Feminist Anthropology, Ethnographic Fieldwork and the Human Terrain System." *Feminist Formations* (formerly the *National Women's Studies Association Journal*), 23, no. 2 (Summer 2011b): 160–85.

Ghodsee, Kristen. *Lost in Transition: Ethnographies of Everyday Life after Communism*. Durham: Duke University Press, 2011a.

Ghodsee, Kristen. *Muslim Lives in Eastern Europe: Gender, Ethnicity and the Transformation of Islam in Postsocialist Bulgaria*. Princeton: Princeton University Press, 2009.

Ghodsee, Kristen. *The Left Side of History: World War II and the Unfulfilled Promise of Communism in Eastern Europe*. Durham: Duke University Press,

2015.

Ghodsee, Kristen. *The Red Riviera: Gender, Tourism and Postsocialism on the Black Sea.* Durham: Duke University Press, 2005.

Givlier, Peter. "University Press Publishing in the United States." http://www.aaupnet.org/about-aaup/about-university-presses/history-of-university-presses#sthash.sp0YNRiz.dpufohn.

Gladwell, Malcolm. *Blink: The Power of Thinking Without Thinking.* Boston: Back Bay Books/Little, Brown, 2007.

Gladwell, Malcolm. *The Tipping Point: How Little Things Can Make a Big Difference.* Boston: Back Bay Books/Little, Brown, 2002.

Grindal, Bruce. "The Spirit of Humanistic Anthropology." *Anthropology and Humanism* 18, no. 2 (1993): 46–47.

Kerins, Francis J. "The Academic Con-Men: Advice to Young College Professors." *Journal of Higher Education* 32, no. 6 (1961).

Kristof, Nicholas, and Sheryl WuDunn. *Half the Sky: Turning Oppression into Opportunities for Women.* New York: Vintage, 2010.

Levitt, Steven, and Stephen J. Dubner. *Freakonomics: A*

Rogue Economist Explores the Hidden Side of Everything. New York: William Morrow, 2005.

Mahmood, Saba. *The Politics of Piety: The Islamic Revival and the Feminist Subject.* Princeton: Princeton University Press, 2011.

Mills, C. Wright. *The Sociological Imagination*, 40th Anniversary ed. New York: Oxford University Press, 2000.

Newton, Esther. *Mother Camp: Female Impersonators in America.* Chicago: University of Chicago Press, 1972.

Oppenheimer, Daniel M. "Consequences of Erudite Vernacular Utilized Irrespec-Suggested Reading and Bibliography 143 tive of Necessity: Problems with Using Long Words Needlessly." *Applied Cognitive Psychology* 20 (2006): 139–56.

Orwell, George. "Politics and the English Language" (1946). www.npr.org/blog/.../Politics_and_the_English_Language-1.pdf.

Owen, Whitney J. "In Defense of the Least Publishable Unit." *The Chronicle of Higher Education* (February 9, 2004). http://chronicle.com/article/In-Defense-of-the-Least/44761.

Piketty, Thomas. *Capital in the Twenty-First Century.*

Cambridge: Harvard University Press, 2014.

Putnam, Robert. *Bowling Alone: The Collapse and Revival of American Community*. New York: Touchstone Books, 2000.

Riesman, David. *The Lonely Crowd: A Study of the Changing American Character*, revised ed. New Haven: Yale University Press, 2001.

Rovit, Earl, and Arther Waldhorn. *Hemingway and Faulkner in Their Time*. Continuum, 2006.

Sokal, Alan. "Transgressing the Boundaries: Toward a Transformative Hermeneutics of Quantum Gravity." *Social Text* 46/47 (1996): 217-52.

Stern, Pamela, and Lisa Stevenson. *Critical Inuit Studies: An Anthology of Contemporary Artic Ethnography*. Lincoln: University of Nebraska Press, 2006.

Valentine, David. *Imagining Transgender: An Ethnography of a Category*. Durham: Duke University Press, 2007.

索 引

(页码为本书边码)

ABD (all but dissertation),准博士,111

Academese,学术体,84

Accra,阿克拉,Ghana,加纳,50

adjectives,形容词,use and avoidance of,使用和避免~,38-40,106-10

adverbs,副词,use and avoidance of,使用和避免~,38,69-70,106-10

Aizenman, Joshua,艾泽曼,乔舒亚,57-58

Alive in the Writing (Narayan),《活在写作中》(纳拉扬),27,68

Allison, Anne,艾利森,安妮,54,90

Amazon.com,亚马逊网站,12

American Anthropological Association (AAA),美国人类学协会,88

American Sociological Association (ASA),美国社会学协会,88

Anderson, Elijah,安德森,伊利亚,24,45-46

anthropology,人类学,2,8,10,12,82,86-88

a picture is worth a thousand words(proverb),一图胜千言(谚语),71

Arabic,阿拉伯语,64

area studies,区域研究,18

Aristotle,亚里士多德,35

Athena,雅典娜,110

author-date citations,作者-日期引用格式,82,88-90

Baker, Nicholson,贝克,尼克

尔森,22

Barnard,Frederick,巴纳德,弗雷德里克,71

Becker,Howard,贝克尔,霍华德,83

Behar,Ruth,贝哈,露丝,17,19,25,72,78,90

Belmont,贝尔蒙特,18

Benedict,Ruth,本尼迪克特,鲁思,10

Berkeley,伯克利,10

Biehl,João,比尔,若昂,72

biology,生物学,88

Bird by Bird(Lamott),《一鸟接一鸟》(拉莫特),111

Black Sea,黑海,43

block quotes,整段引用,62-64

Blue-Chip Black(Lacy),《非凡的黑人》(莱西),38,74

bluster,虚张声势,use of,使用~,97

Bodies, Beads, and Trash(Redmon),《身体、珠子和垃圾》(雷德蒙),48,53,120

Body and Soul(Wacquant),《身体与灵魂》(华康德),25,68,72,90

body language,肢体语言,68

Boellstorff,Tom,毕昂斯托夫,汤姆,13,90

book ownership,书籍所有权,48-49

Boris III of Bulgaria,保加利亚国王沙皇鲍里斯三世,80-81

Borneman,John,博恩曼,约翰,27-29,52-53,56-57,119

Borovoy,Amy,波罗沃伊,艾米,17,52-53,64,89,121

Bourdieu,Pierre,布迪厄,皮埃尔,84

Bourgois,Philippe,布尔戈伊斯,菲利普,14,29-30,45,63,69-70,72

Braunstein,Sarah,布朗斯坦,莎拉,99-102,115

Brazil,巴西,42

Bulgaria,保加利亚,11,16-19,34-37,43-50,63-65,74-80,102-3,113

Bunglish,保式英语,63

Butler,Judith,巴特勒,茱蒂丝,84

Cameron, Julia, 卡梅隆, 茱莉亚, 119

Caribbean, 加勒比海地区, 43

Carter, Ovie, 卡特, 奥维, 72

character, 人物, 35-40, 47, 69, 108

Chicago, 芝加哥, 22, 25, 72

China, 中国, 16-18

Chow, Rey, 蕾·周, 17

citation death tax, 引用死亡税, 57-58

citation management software, 引文管理软件, 89

civil society, 公民社会, 10-12

cloud computing, 云计算, 77

Code of the Street（Anderson），《街角符号》（安德森）42-43

Cold War, 冷战, 3

commodity fetishism, 商品拜物教, 113

Communist Party of Great Britain, 英国共产党, 78

copyeditor, 文字编辑, 65, 114-15

copyright, 版权, 73-74, 77

Corbis, 科比斯, 72

crappy first draft（CFD），糟糕的初稿, 122-23

Creative Commons, 知识共享, 73

Creed, Gerald, 克里德, 杰拉尔德, 55

Creedon, Gen, 克雷登, 根, 114

criminology, 犯罪学, 2

cultural studies, 文化研究, 2

Deeb, Lara, 迪布, 劳拉, 17

"Deep Play"，"深戏", 31

Dennett, Daniel, 丹尼特, 丹尼尔, 86

dialogue, 对话, writing of, 写~, 62-70

Dictaphone, 口述录音机, 35

dissertation, 毕业论文, 5, 8-14, 22, 28, 33, 51, 54-59, 87-89, 93, 98, 111-15

D-Maps.com, 电子地图网, 81

Dora the Explorer,《爱探险的朵拉》, 117

Down East, 下东区, 43

Duke University Press, 杜克大学出版社, 73, 77-78, 89

Duneier, Mitchell, 杜艾伊尔, 米切尔, 72

Dunn, Elizabeth, 邓恩, 伊丽莎

索引 255

白,17,47

Eastern Europe,东欧,10-11,14,18,28

East Harlem,东哈莱姆,45

economics (discipline),经济学(学科),88,92

Economist, The,《经济学人》,89

education (discipline),教育学(学科),2

Elements of Style, The (Strunk and White),《文体要素》(斯特伦克和怀特) 91-93,99

endnotes,尾注,use of,使用~,87-90,128

ethics,伦理,35,66,71

ethnography,民族志; choosing a topic for,为~选择一个主题,9-22; citations and,引用和~,87-90; definition of,~的定义,24; dialogue and,对话和~,62-70; events and,事件和~,49-50; fieldnotes and,田野笔记和~,32-34; jargon and,术语和~,82-87; people and,人们和~,34-40; places and,地点和~,41-49; theory, integration of,将~理论融入,51-61

eumerdification,85

European Union,欧盟,46

Facebook,脸书,1

faction (opposite of fiction),纪实与虚构结合(与虚构相反),2

Farci,波斯语,99-100

Fathers and Sons (Turgenev),《父与子》(屠格涅夫),71

Faulkner, William,福克纳,威廉,93

feminist,女权主义者,17,23,55,60,64,97

fiction,虚构,2,8,35-37,39,101,106

fieldnotes,田野笔记,5,20,22,42,52,58,119; adjectives and adverbs in,~里的形容词和副词,39-40,115; writing from,从~写,59-63,68-70; writing of,写~,32-35,128

Fields, Jessica,菲尔兹,杰西

卡,55-56

filler phrases,填充语,94-95

first drafts,初稿,110-14

first person,第一人称,use of,使用~,21-30,70,78

footnotes,脚注,88,90

Foucault,Michel,福柯,米歇尔,52,84,86

France,法国,44,129

Freeman,Carla,弗里曼,卡拉,89

friendly readers,友好的读者,53,110,114,124,128

Fulbright,富布赖特,11,27

Geertz,Clifford,格尔茨,克利福德,31-32,49

geography (discipline),地理学(学科),2,88

Germano,William,杰曼诺,威廉姆,81

Germany,德国,23,37,50,54-55,79

Getty Images,盖蒂图片社,73

Ghana,加纳,48,50

Gilman,Daniel Cote,吉尔曼,丹尼尔·科伊特,3

Gladwell,Malcolm,格拉德威尔,马尔科姆,4

Goldman,Michael,戈德曼,迈克尔,14,18

Gomberg-Munoz,Ruth,冈伯格-穆尼奥斯,露丝,22

Good Company (Harper),《好伙伴》(哈珀),72

Google,谷歌,12,101

GORUBSO,46

Gottlieb,Alma,戈特利布,阿尔玛,41,67

Graham,Philip,格雷厄姆,菲利普,67

grand theory,宏大理论,2,83

Grasseni,Cristina,格拉斯尼,克里斯蒂娜,19

Greece,希腊,17,43-44

Guenther,Katja,冈瑟,卡特亚,23,54

Harper,Douglas,哈珀,道格拉斯,72-73

"Harvard style","哈佛体",88

Harvard University Press,哈佛大学出版社,4

Hemingway,Ernest,海明威,欧内斯特,6,93

Hemment, Julie, 赫曼特, 朱莉, 29, 53, 59, 119

Herzfeld, Michael, 赫茨菲尔德, 迈克尔, 17

history (discipline), 历史学(学科), 2, 88

Hitler, Adolf, 希特勒, 阿道夫, 80-81

Ho, Karen, 何柔宛, 14, 19

human subjects, 人类主体, 5

images, 图像, use of, 使用~, 71-81, 128

informants, 报道人, 5, 19-20, 30, 33-39, 42-50, 59, 78, 107; dialogue and, 对话和~, 62-70

In Search of Respect (Bourgois), 《寻求尊严》(布尔戈伊斯), 14, 29-30, 45, 63

insider vs. outsider status, 局内人与局外人身份, 12, 18-20

Institutional Research Board (IRB), 机构审查委员会, 35

Interpretation of Cultures, The (Geertz), 《文化的解释》(格尔茨), 31

Ipanema (Rio de Janeiro), 依帕内玛(里约热内卢), 44

Iran, 伊朗, 16, 96

Iran-Contra affair, 伊朗门事件, 96

Iron Curtain, 铁幕, 10

ivory tower, 象牙塔, 18, 86

Japan, 日本, 17, 36-37, 48-54, 64-65

Japanese (language), 日语(语言), 64-65

jargon, 术语, use of, 使用~, 1, 6-7, 82-87, 91-92, 128

Johns Hopkins University Press, 约翰·霍普金斯大学出版社, 3

Kahn, Shamus Rahman, 可汗, 西莫斯·拉赫曼, 67

Kalahari San, 喀拉哈里桑, 13

Kerins, Francis J., 凯林斯, 弗朗西斯·J., 85-86

King, Stephen, 金, 斯蒂芬, 106, 108

Kletzer, Kenneth, 克莱策, 肯尼斯, 57-58

Kodak,柯达,72

Kristof,Nicholas,克里斯多夫,尼可拉斯,4

Kroeber,Alfred,克罗伯,阿尔弗雷德,88

Kyushu,九州,36

Lacy,Karyn,莱西,卡琳,38-39,67-68,74

Lagadinova,Elena,拉加迪诺娃,埃琳娜,78-79

Lamott,Anne,拉莫特,安妮,111,122

law(discipline),法学(学科),2

least publishable unit(LPU),最少可发表单位,92

Lee,C. K.,李,C. K.,19

Left Side of History,*The*(Ghodsee),《历史的左侧》(戈德西),78,99,115-16

legalese,法律术语,84

line editing,语句编辑,111-23

literature(discipline),文学(学科),88

literature review,文献综述,5,51,54-61

Lost in Transition(Ghodsee),《迷失在转型中》(戈德西),75,78

Madan,马丹,46,74

Mahmood,Saba,马穆德,萨巴,64

Maine,缅因州,17,37,43,112

Making Their Place(Guenther),《确定她们的地位》(冈瑟),23,54

maps,地图,use of,使用~,42,81

Mark,Edward Laurens,马克,爱德华·劳伦斯,88

marketing,市场营销,2

Marx,Karl,卡尔,马克思,89

Masquerade and Postsocialism(Creed),《假面舞会和后社会主义》(克里德),55

McDermott,Monica,麦克德莫特,莫妮卡,26-27

Mead,Margaret,米德,玛格丽特,2,13

media studies,媒体研究,2

Mezzanine,*The*(Baker),《夹层》(贝克),22

Microsoft Word,微软 Word 文

索 引 259

档,95,116-17,124

Mills, C. Wright, 米尔斯, C. 赖特,2,83,86

minimum publishable unit (MPU),最低限度可发表单位,92

Miss Bulgaria,保加利亚小姐,36

Murdoch, Iris, 默多克, 爱丽丝,78-79

music,音乐,95,105,118

Muslim Lives in Eastern Europe (Ghodsee),《东欧穆斯林的生活》(戈德西),65,74,114

Narayan, Kirin, 纳拉扬, 凯琳,27,68

National Defense Education Act (NDEA),国防教育法案,3

Newburyport, 纽伯里波特, Massachusetts, 马萨诸塞州,49

New England,新英格兰,43

New Orleans,新奥尔良,48

Newton, Esther, 牛顿, 埃丝特,14,63,90

New York,纽约,14,45,72

New York Times,《纽约时报》,71

New York University,纽约大学,14

Niger,尼日尔,17,66-67

Nightwork (Allison),《夜班》(艾利森),54,90

Nixon, Richard, 尼克松, 理查德,36

Noguera, Pedro, 诺格拉, 佩德罗,83

North Carolina, 北卡罗来纳,55

North Korea,朝鲜,16

Obama, Barack, 奥巴马, 巴拉克,97

On Writing Well (Zinsser),《写作法宝》(津瑟),6,99,105

Oppenheimer, Daniel, 奥本海默, 丹尼尔,93-94

originality,原创性,4,12-13,18-20,87

Ortner, Sherry, 奥特纳, 雪莉,15

Orwell, George, 奥威尔, 乔治,

91-92

Ottoman Empire,奥斯曼帝国,19-20,96

Parsons,Talcott,帕森斯,塔尔科特,2,83

participant observation,参与观察,12,16,18,51-52,67

Participatory Action Research (PAR),参与式行动研究,16,29

passive voice,被动语态,95-98,108-9

past perfect tense,过去完成时,use of,使用~,101-3

Paxson, Heather,帕克森,希瑟,15

peer review,同行评审,57,92

Philadelphia,费城,45-46

photoethnography,图像民族志,71-72

photos,照片,36; permissions for,允许~,76-77; use of,使用~,42,73-78

Piketty,Thomas,皮凯蒂,托马斯,4

Poetics（Aristotle）,《诗学》（亚里士多德）,35

Poland,波兰,17,47

political science,政治学,2,10,82,88,92

Politics of Piety, The（Mahmood）,《虔诚的政治》（马穆德）,64

postmodernism,后现代主义,84-86

postmodern sentence generator,后现代句子生成器,84

present continuous tense,现在进行时,use of,使用~,101-3

Princeton University Press,普林斯顿大学出版社,65,74,114

Printer's Ink,《印刷者的墨水》,71

Privatizing Poland（Dunn）,《波兰私有化》（邓恩）,17,47

Provost,Gary,普罗沃斯特,加里,105

psychology,心理学,88,92

public domain,公共领域,80

rape reporting,强奸报道,97
Reagan, Ronald,里根,罗纳

德,96

Redmon, David, 雷德蒙, 大卫, 48, 53-54

Red Riviera, *The*（Ghodsee）,《红色里维埃拉》（戈德西）,43,73

repetition, 重复, of arguments, ~论点, 98

residency permits, 居留证, 16

Rhodopi Mountains, 罗多彼山脉, 46

Rio de Janeiro, 里约热内卢, 44

Risky Lessons（Fields）,《危险的教训》（菲尔兹）,55-56

Rogers, Doug, 罗杰斯, 道格, 60, 112, 118

Russia, 俄罗斯, 16, 29, 43, 53, 112, 119

Sacks, Oliver, 萨克斯, 奥利佛, 21

San Diego, 圣地亚哥, 43

Saudi Arabia, 沙特阿拉伯, 16

Searle, John, 塞尔, 约翰, 86

Second Life, 第二人生, 90

sentence length, 句子长度, 105

Sherlock Holmes, 夏洛克·福尔摩斯, 38, 48

Shevchenko, Olga, 舍甫琴科, 奥尔加, 19, 53, 58-59, 121

shitty first draft（SFD）, 狗屎般的初稿, 111, 122

Shostak, Marjorie, 肖斯塔克, 玛乔丽, 13

Sidewalk（Duneier）,《人行道》（杜艾伊尔）, 72

smallest publishable unit（SPU）, 最小可发表单位, 92

Social Text,《社会文本》, 84

Sociological Imagination, *The*（Mills）,《社会学的想象力》（米尔斯）, 82-83

sociology, 社会学, 2, 8, 25, 53, 72, 82, 93-94

Sofia, 索菲亚, Bulgaria, 保加利亚, 16, 73

Sokal, Alan, 索卡尔, 艾伦, 84

Songhay people, 桑海人, 17, 66

Spanglish, 西英混合语, 100

speech function, 语音功能, 116, 124

Sputnik, 人造卫星, 3, 86

Stack, Carol, 斯塔克, 卡罗尔, 14

Stern, Pamela, 斯特恩, 帕梅拉, 18

Stevenson, Lisa, 史蒂文森, 丽莎, 18

Stoller, Paul, 斯托勒, 保罗, 17, 66-67, 90

Streep, Meryl, 斯特里普, 梅丽尔, 97

Strunk, William, Jr., and E. B. White, 斯特伦克, 小威廉, ~和E.B.怀特, 91-93, 99

students, 学生, 36, 67, 81, 101, 128; advice for, 建议~, 5; creative writing, 创作, 100; graduate, 研究生, 6, 14, 20, 56, 83, 87, 111; undergraduate, 本科生, 1, 30, 54, 63, 93-94

Syria, 叙利亚, 27-28

Syrian Episodes（Borneman）, 《叙利亚插曲》（博恩曼）, 27-28, 52, 56-57

ten-dollar words, 十美元词语, 6, 93-94, 110

tenure, 终身教职, 4-5, 7, 10-15, 28, 57, 97, 114, 128

Thailand, 泰国, 17, 43-44

theft, 偷, intellectual, 学术, 21-22

theory, 理论, writing about, 写~, 51-61

Thessaloniki, 塞萨洛尼基, Greece, 希腊, 44

thick description, 深描, 31-33, 38-40, 45, 49-50, 54-55

third person, 第三人称, use of, 使用~, 26-27

Thompson, Frank, 汤普森, 弗兰克, 78

time, 时间: use of, 使用~, 5-10, 33-36; writing about, 写下~, 58

Too-Good Wife, The（Borovoy）,《太好的妻子》（波罗沃伊）, 17, 52, 64, 89

transcription, 转录, 62-63, 70

translation issues, 翻译问题, 65-68

transliteration, 音译, 64, 68

Tumblr, 汤博乐轻微博, 117

Turgenev, Ivan, 屠格涅夫, 伊凡, 71

索引 263

United States Holocaust Memorial Museum,美国大屠杀纪念馆,80

United States Military,美军,2

University of Chicago,芝加哥大学,84

university presses,大学出版社,history of,~的历史,3-4

Valentine, David,瓦伦丁,大卫,14,89

Van Maanen, John,马南,约翰·范,4,24

verbs,动词;strong and weak,强与弱,99-103; subjects and,主词和~,103-4

Verdery, Katherine,弗德里,凯瑟琳,89

Vietnam,越南,3

Wacquant, Loïc,华康德,罗艾克,25,68,72,90

Wall Street,华尔街,14

Waltham,沃尔瑟姆,Massachusetts,马萨诸塞州,18

Warner, W. Lloyd,华纳,W. 劳埃德,49

Warsaw Pact,华沙条约,11

Weiner, Elaine,韦纳,伊莱恩,32

Williams, Joseph,威廉姆斯,约瑟夫,85,95,99

Wilson-Schwartz, Vicky,威尔逊-施瓦茨,维姬,114

Working-Class White (McDermott),《白人工人阶级》(麦克德莫特),26

World Bank,世界银行,14,18

World War II,第二次世界大战,78-79,99

writer's block,写作者的障碍,117-18

write your own academic sentence,写出自己的学术句子,84

writing,写作:about events,关于事件,49-50; about people,关于人,34-40; about places,关于地点,41-49; dialogue,对话,62-70; fieldnotes,田野笔记,32-34; rituals,习惯,111, 118-21, 128; theory,理论,51-61

Writing Ethnographic Fieldnotes

(Emerson, Fretz, and Shaw),《书写民族志田野笔记》(爱默生、弗雷茨和肖),32, 62

Yale Book of Quotations,《耶鲁名言手册》,71

Zeus,宙斯,110
Zimbabwe,津巴布韦,16
Zinsser, William,津瑟,威廉,92, 99, 105
Žižek, Slavoj,齐泽克,斯拉沃热,89
zoology,动物学,88